방정환과
어린이 해방 선언 이야기

돋는 해와 지는 해를
꼭 보기로 해요

방정환과
어린이 해방 선언 이야기

이주영 지음

모시는사람들

여는 말

1923년 5월 1일 제1회 어린이날을 선포하고, 어린이 해방 선언문을 만들어 발표한 일은 우리 겨레 근현대 역사에서 중요한 기점이 되는 일 가운데 하나라고 생각한다. 어린이를 독립된 한 사람으로 선언한 것이고, 어린이가 스스로 당당하고 씩씩하게 자랄 수 있는 사회를 만들자고 어른들이 다짐한 날이기 때문이다. 나는 이 선언에 담긴 정신을 우리 겨레와 나라는 물론 세계 인류 발전을 위해서라도 깊이 살펴서 실천해야 한다고 생각한다.

2022년이 제100회 어린이날이 되고, 2023년은 어린이날 100주년이 된다. 당연히 어린이 해방 선언 100주년도 되는 것이다. 다가오는 어린이 해방 선언 100주년을 생각하면, 너무나 많은 것이 부끄럽다. 우리나라와 사회가 어린이 해방 선언의 정신을 계승 발전시키지 못하고, 오히려 퇴보해 왔기 때문이다. 아니 퇴보를 넘어서 어느새 많은 사람들이 잊어가고 있어서 아쉽고 안타깝다. 그래서 내가 읽은 어린이 해방 선언에 대한 생각이라도 써 보고 싶었다.

1923년 5월 1일 발표한 선언문은 〈소년 운동의 기초조건〉 3장, 〈어른들에게 드리는 글〉 9조, 〈어린 동무들에게〉 7조, 〈어린이 운동가들에게 권장하는 실행 다짐〉 7조 순서로 되어 있다. 1980년 초에 『색동회 어린이 운동사』로 읽었고, 1990년 중반에 『한국 소년운동사』로도 읽었다. 그런데 두 책에 실린 조항이 조금 다르다. 〈어른에게 드리는 글〉에서 '잠자는 것과 운동하는 것을 충분히 하게 하여 주시오'가 『색동회 어린이 운동사』에는 있고, 『한국 소년운동사』에는 빠져 있다. 〈어린 동무들에게〉 중 '길가에서 떼를 지어 놀거나 유리가튼 것을 그리지 말기로 합시다.'가 『한국 소년운동사』에는 있고, 『색동회 어린이 운동사』에는 빠져 있다. 각 책에서 밝혀놓은 주석을 보면 『한국 소년운동사』는 '1923, 〈5월 1일은 엇더한 날인가〉『개벽』 35, p, 36'이라고 하였으니 『개벽』에 실린 기사를 옮긴 것이고, 『색동회 어린이 운동사』는 그날 배포한 선전지를 원본으로 삼았다고 했다. 따라서 선전지

1923년 5월 1일자 〈동아일보〉의 어린이날 기사

를 만드는 과정에서 조정을 했던 것이거나 당시 인쇄술로 20만 장이
나 찍는 과정에서 다시 조정한 선전지가 나왔을 가능성도 있다. 여러
가지 정황으로 보아 〈동아일보〉 기사를 당시 선언문 원본으로 삼는
것이 타당하다고 본다.

　이 책에 실은 글은 월간 『작은책』에 2018년 8월호부터 2021년 1월호
까지 29회에 걸쳐 실었던 것을 단행본에 맞게 조금씩 다듬거나 보탠
것이다. 이 책 출판을 기꺼이 맡아 주시고, 정성을 다해 만들어 주신
모시는사람들이 고맙다. 이 글을 통해 100년 전 방정환과 어린이 해방
운동가들이 어떤 생각을 하고 어떤 꿈을 꾸었는지, 그 생각과 꿈을 지
금 우리가 어떻게 이어갈지 생각해 보는 계기가 된다면 기쁘겠다.

대한민국 103년, 어린이 해방선언 99년

2021년 5월

이 주 영

어린이

제1부

어린이 해방 선언 다시 읽기

이 글에서 〈어린이 해방 선언문〉이라는 것은 1923년 5월 1일 '제1회 어린이날'에 조선소년운동협회에서 배포한 선전지에 실려 있는 일련의 선언 조항이 담고 있는 뜻을 살펴서 붙인 이름이다. … 1920년대 어린이 운동가들이 정한 어린이날은 5월 1일이었고, 어린이들을 대상으로 유흥과 소비를 부추기는 날이 아니라 '어린 민중'들이 인간다운 삶을 살 수 있는 세상을 만들자고 선언하는 날이었다. 곧 어린이날은 이중, 삼중으로 억압받는 '어린 민중'들이 스스로 해방을 선언하는 날이고, 어른들은 어떻게 하면 그런 해방 세상을 만들 수 있을까 반성하면서 노력하기로 다짐하는 날로 시작하였다.

1. 어린이 해방 선언문 이야기

이 글에서 〈어린이 해방 선언문〉이라는 것은 1923년 5월 1일 '제1회 어린이날'에 조선소년운동협회에서 배포한 선전지에 실려 있는 일련의 선언 조항이 담고 있는 뜻을 살펴서 붙인 이름이다. 이날 행사는 천도교소년회에서 앞장서 추진한 것으로 그 진행 과정을 진장섭의 회고를 통해서 살펴보면 다음과 같다.

1919년 3월 1일에 우리 민족이 일본의 굴레에서 벗어나 독립 국가를 세우려고, 저 유명한 독립 운동을 일으켰던 사실은 누구나 다 알 것입니다. 그 후로 일본인들은 더욱 심환 압박과 경계를 가했습니다. 단 몇 명이 모여서 강연회를 한다 해도, 많은 수의 경찰을 파견해서 감시를 엄중히 할 뿐 아니라, 연사의 입에서 조금이라도 자기네 귀에 거슬리는 말이 나오면, 집회는 해산 당하고 심지어 연사는 구속되는 경우가 많았습니다. …(중략)… 그래서 우리는 저들 일본인의 날카로운 경계의 눈을 피하여 겉으로는 소년 문제를 연구하는 평범한 단체인 양 보이게 해 놓고, 실제로는 여러 가지 방법으로 우리 어린이들에게 민족의 자주독립 정신을 은밀히 배양해 주자는 것을 목표로 삼았습니다.[1]

여기서 말하는 '평범한 단체'란 〈색동회〉다. 색동회는 일제 감시를 피해서 동경에 간 방정환이 동경 유학생들을 모아서 만든 단체로, 어린이 문제를 연구하고, 어린이에게 은밀하게 독립 정신을 길러주기 위한 다양한 문화 활동을 하였다. 3·1운동 때 〈조선독립신문〉 배포에도 참여했던 방정환이 일제 감시가 심해지자 경성을 피해 적의 심장부인 동경에 갔다. 겉으로 나타난 책임은 천도교청년회 동경지부 조직이었다. 방정환 속마음은 앞으로 조선을 이끌어갈 최고 지식인이 될 동경 유학생들을 모아서 어린이 운동을 하기 위해서였다. 방정환은 동경에 가 있는 조선인 유학생을 찾아다니며 어린이 운동 단체인 색동회 결성을 준비하면서 1923년 3월 1일 발행을 목표로 월간 잡지 『어린이』 원고를 편집했다. 그리고 『어린이』 창간호가 나온 3월 20일 김기전에게 편지를 보냈다.

천도교소년회에서 1922년에 개최했던 제1회 어린이날을 1923년에는 천도교소년회에서만 하지 말고 불교소년회를 비롯한 다른 소년

---

1   정인섭. 색동회 어린이 운동사, 1975, 학원사, 47쪽.

공식적인 첫 어린이날(1923.5.1)에 사용한 종이 깃발(왼쪽)과 색동회 마크가 새겨진 어린이날 포스터(오른쪽)

단체와 지역사회 단체, 활동가들과 함께 다시 제1회 어린이날을 열자는 의견이었다. 그리고 색동회 멤버인 진장섭을 3월 25일 귀국하게 하여 경성에서 김기전과 박달성을 만나서 추가 협의를 하게 하였다. 그 결과 김기전과 박달성이 중심이 되어 4월 17일 조선소년운동협회가 만들어졌고, 1923년 5월 1일 오후 3시에 제1회 어린이날 선전문을 발표하고 배포하는 행사를 했던 것이다.

이날 서울 경운동에 있는 천도교중앙대교당에서 사회단체 운동가들과 천도교소년회, 불교소년회, 조선소년군 회원 1,000여 명이 모여서 선언식을 했고, 4시에는 어린이들이 50명씩 4대를 지어 시내를 가두행진하면서 시민들에게 선전문 12만 장을 나눠 주었다. 이어 6시에 천도교중앙대교당에 다시 모여서 소년연예회를 개최하고, 8시에는 각황사(지금의 조계사)에서 소년문제 강연회를 하였다. 강연회 주제는 '위대한 소년의 힘', '러시아의 소년', '어린이날과 민족해방' 같은 것이었다. 이날 개성, 진주, 김해, 대전, 창녕, 공주, 안주, 신상, 남포, 선천에서도 같은 시간에 같은 방법으로 제1회 어린이날 선언식과 거리시위와 선언문을 배포하여, 모두 어린이 해방 선전지 20만 장을 뿌렸다고 한다. 그 선언문 내용은 다음과 같다.[2]

〈소년 운동의 기초조건〉

一. 어린이를 재래의 윤리적 압박으로부터 해방하여 그들에게 대한 완전한 인격적 예우를 허하게 하라.

一. 어린이를 재래의 경제적 압박으로부터 해방하여 만 14세 이하의 그들에게 대한 무상 또는 유상의 노동을 폐하게 하라.

一. 어린이 그들이 고요히 배우고 즐거이 놀기에 족한 각양의 가정 또는 사회적 시절을 행하게 하라.

〈어른에게 드리는 글〉

一. 어린이를 내려다보지 마시고 치어다보아 주시오.

一. 어린이를 가까이하사 자주 이야기하여 주시오.

一. 어린이에게 경어를 쓰시되 늘 보드랍게 하여 주시오.

---

2 같은 책 53쪽-54쪽

一. 이발이나 목욕, 의복 같은 것을 때맞춰 하도록 하여 주시오.

一. 잠자는 것과 운동하는 것을 충분히 하게 하여 주시오.

一. 산보나 원족 같은 것을 가끔가끔 시켜 주시오.

一. 어린이를 책망하실 때에는 쉽게 성만 내지 마시고 자세 자세히 타일러 주시오.

一. 어린이들이 서로 모여서 즐겁게 놀 만한 놀이터와 기관 같은 것을 지어 주시오.

一. 대우주의 뇌신경의 말초는 늙은이에 있지 아니하고 젊은이에게도 있지 아니하고 오직 어린이 그들에게만 있는 것을 늘 생각하여 주시오.

〈어린 동무들에게〉

一. 돋는 해와 지는 해를 반드시 보기로 합시다.

一. 어른에게는 물론이고 당신들끼리도 서로 존대하기로 합시다.

一. 뒷간이나 담벽에 글씨를 쓰거나 그림 같은 것을 그리지 말기로 합시다.

一. 길가에서 떼를 지어 놀거나 유리 같은 것을 버리지 말기로 합시다.

一. 꽃이나 풀은 꺾지 말고 동물을 사랑하기로 합시다.

一. 전차나 기차에서는 어른에게 자리를 사양하기로 합시다.

一. 입을 꼭 다물고 바르게 가지기로 합시다.

〈실행 다짐〉

우리들의 희망은 오직 한 가지, 어린이를 잘 키우는 데 있을 뿐입니다.

다 같이 내일을 살리기 위하여 이 몇 가지를 실행합시다.

— 어린이는 어른보다 더 새로운 사람입니다.

'내 아들놈', '내 딸년' 하고 자기의 물건 같이 여기지 말고, 자기보다 한

결 더 새로운 시대의 새 인물인 것을 알아야 합니다.

— 어린이를 어른보다 더 높게 대접하십시오.

어른이 뿌리라면 어린이는 싹입니다. 뿌리가 근본이라고 위에 올라앉

아서 싹을 나려 누르면 그 나무는 죽어 버립니다. 뿌리가 원칙상 그 싹

을 위하여야 그 나무(그 집 운수)는 뻗쳐 나갈 것입니다.

— 어린이를 결코 윽박지르지 마십시오.

조선의 부모는 대개가 가정교육은 엄해야 한다는 잘못된 생각으로 그

자녀의 인생을 망쳐 놓습니다. 윽박지를 때마다 뻗어나가는 어린이의

기운은 바짝바짝 줄어듭니다. 그렇게 길리운 사람은 공부를 아무리 많

이 해도 크게 자라서 뛰어나는 인물이 못되고 남에게 꿀리고 뒤지는 샌

님이 되고 맙니다.

— 어린이의 생활을 항상 즐겁게 해 주십시오.

심심하게 기쁨 없이 자라는 것처럼 자라가는 어린 사람에게 해로운 일

이 또 없습니다. 항상 즐겁게 기쁘게 해 주어야 그 마음과 몸이 활짝 커

가는 것입니다.

— 어린이는 항상 칭찬해 가며 기르십시오.

칭찬을 하면 주제넘어진다고 생각하는 것은 큰 잘못입니다. 잘한 일에는 반드시 칭찬과 독려를 해 주어야 그 어린이의 용기와 자신하는 힘이 늘어가는 것입니다.

— 어린이의 몸을 자주 주의해 보십시오.

집안의 어린이가 무엇을 즐기나, 몸과 마음이 어떻게 변해 가나? 이런 것을 항상 주의해 보아 주십시오. 평상시에 그냥 내버려 두었다가 잘못된 뒤에 야단을 하거나 후회하는 것은 부모들의 큰 잘못입니다.

— 어린이들에게 잡지를 자주 읽히십시오.

어린이에게는 되도록 다달이 나는 소년 잡지를 읽히십시오. 그래야 생각이 넓고 커짐은 물론이요, 또한 부드럽고 고상한 인격을 가지게 됩니다. 돈이나 과자를 사주지 말고 반드시 잡지를 사주도록 하십시오.

희망을 위하여 내일을 위하여 다 각각 어린이를 잘 키웁시다.

1923년 5월 1일

1920년대 어린이 운동가들이 정한 어린이날은 5월 1일이었고, 어린이들을 대상으로 유흥과 소비를 부추기는 날이 아니라 '어린 민중'들이 인간다운 삶을 살 수 있는 세상을 만들자고 선언하는 날이었다. 곧 어린이날은 이중, 삼중으로 억압받는 '어린 민중'들이 스스로 해방을 선언하는 날이고, 어른들은 어떻게 하면 그런 해방 세상을 만들 수 있을까 반성하면서 노력하기로 다짐하는 날로 시작하였다. 이런 생각을 방정환은 다음과 같이 외쳤다.

> 아아, 거룩한 날, 5월 초하루! 기울어진 조선에 새싹이 돋기 시작한 날이 이날이요, 성명도 없던 조선의 어린이들이 새로운 생명을 얻은 날이 이날입니다. 눌리우는 사람의 발밑에 또 한 겹 눌려 온 조선의 어린 민중들이여! 다 같이 나와 이날을 기념합시다. 그리하여 다 같이 손목 잡고 5월의 새잎같이 뻗어 나갑시다. 우리의 생명은 뻗어 나가는 데 있습니다. 조선의 희망은 우리의 커 가는 데 있을 뿐입니다.
> - 『어린이』 1926년 5월호

방정환은 당시 어린 민중들이 일본 제국주의 침략에 짓밟히는 조선 민중인 어른들 발에 다시 채이고 눌리면서 생명이 죽어 간다고 보았고, 어린 민중들이 스스로 일어나 사회 전면으로 나와 다 같이 손잡고 5월의 새잎같이 생명을 뻗어 나가자고 하였다. 100년이 지난 지금 17세 이하 어린 민중들은 미소냉전의 산물인 분단과 70년이나 종전 선언을 못 하고 있는 국제사회 체제에 억압당하고, 산업자본주의, 신자유주의 국가정치와 사회경제체제에 예속된 어른들 발에 다시 짓밟히며 경쟁교육에 내몰리면서 그 생명이 갈가리 찢겨나가고 있다. 어쩌면 1920년대보다 더 촘촘하고 더 강력한 '어른이라는 지배계층'에게 억눌려 죽어 가고 있다.

산업자본주의와 신자유주의 경제 수탈에 내몰리는 대다수 민중(시민)들은 자기의 고통과 슬픔을 대물림할까 두려워서 자녀들을 다른 아무것도 못하게 하고 입시공부로만 몰아치고 있다. 기득권을 가진 일부 학부모들은 또 그들대로 자기들이 누리고 있는 특권을 자녀들이 누리지 못할까 두려워서 자녀들을 경쟁교육으로 옭아매면서, 온갖 편법과 불법을 저지르고 있다. 학구(통학 구역) 위반, 위장 전입, 불법 고액 과외나 족집게 과외, 대학입시 비리, 심지어 대학 졸업 후 직장이나 기업, 교회까지 자식들한테 물려주려고 발버둥을 친다. 대기업 임원을 비롯한 최상층부의 부모들은 압도적인 경쟁력을 이용하여 자녀들에게 교육을 통해 특권의식을 심어주려고 갖은 방법을 동원하고, 증여세나 양도세나 상속세를 안 내고 재산을 물려주려고 법을 악용하거나 불법을 저지르고 있다. 모두 어린이들이 온전한 인격권을 누리면서 사람답게 사는 길을 막고 있는 짓이다. 새로 태어나 새 삶을 살면서 새 날을 열어가야 할 가장 소중한 새 사람인 어린이들을 사람이 아니라 벌레 같은 미물이나 사나운 괴물, 경쟁 사회의 노예로 자라도록 몰아가고 있는 것이다.

이런 사회는 어린이나 젊은이나 늙은이 모두가 사람답지 못하게 하는 불안하고 불편하고 불평등한 사회가 될 수밖에 없다. 평생을 참된 교육을 실천하기 위해 연구하고 실천하면서 우리 현대교육사에서 가장 큰 발자취를 남긴 이오덕은 마지막 유서에서까지 이렇게 쇠창살에 가두어 알만 잘 낳는 암탉으로 기르는 교육에서 어린이를 해방시켜야 한다고 외쳤다. 이오덕 부모는 의성군에 살던 동학교도였는데, 1900년 초에 개신교로 개종하고 처가 식구들과 청송군으로 옮겨서 1904년 화목교회를 세웠다. 이오덕은 1920년대 말에서 1930년대 초에 화목교회 주일학교를 다녔다. 주일학교에서 배운 노래와 동화 선생님 활동으로 볼 때 방정환이 주도한 어린이 운동의 영향을 많이 받았던 사람이다.

방정환과 함께 어린이 해방운동에 앞장서 활동하던 김기전은 어린이날 해방 선언을 좋은 소식 중의 좋은 소식이라고 아래와 같이 반겼다.

해방! 해방! 이 말은 근래에 우리 조선 사람들이 퍽도 많이 부르짖게 되는 말이다. 정치적 해방, 경제적 해방을 부르짖음은 물론이고 '여자의 해방'과 같은 문제도 우리의 귀가 아플 만큼 떠들고 있다. 그러나 어떤 셈인지 금일 사회의 잠재력이 되고 내일의 사회의 중견력이 될 소년 해방 문제에 대하여는 별로 이렇다 하는 소리가 없었다. 재작년 이래로 이곳저곳에 몇 군데의 소년 단체가 생기어 빈 골짜기에서 소리치는 것처럼 얼마큼이라도 소년 문제의 소식을 전한 바가 없지 않았으나, 그 문제가 일반 여론이 되고 운동이 되어 만인의 주시를 필요로 하기까지에는 너무나 미미하였으며 또한 너무나 선명하지 못하였다. 이러한 오늘, 이와 같은 보편적 소년 운동이 일어남을 보게 된 것은 실로 좋은 소식 중의 좋은 소식이다. 우리는 먼저 말만 듣기에도 한 조각의 충정이 스스로 솟아나 약동함을 금치 못하겠다.

- 『개벽』 통권 35호, 1923년 5월호

지금도 대부분 17세 이하에 해당하는 어린이 학대와 살해, 유초중고 학생들의 과도한 학습, 정서적 학대 문제, 학교 밖 청소년 문제가 쏟아지고 있지만 이들을 독립된 인격을 갖춘 한 사람으로 생각하고 사람답게 살 수 있는 권리, 그 권리를 누릴 수 있도록 압박에서 해방시켜야 한다는 눈으로 접근하는 경우는 보기 힘들다. 그런 문제가 생길 때마다 오히려 어떻게 하면 더 잘 억압하고(보호하고) 통제하는(말을 잘 듣게) 제도와 장치를 만들까 하는 데만 골몰한다. 중산층 이상 기득권자들은 어떻게 하면 자녀들에게 더 유리한 교육과 입시 제도를 만들까, 학교라는 공공시설을 어떻게 하면 자기들 부동산 가격 상승에 활용(악용)할까에 골몰하고 있다.

이런 의미에서 100년 전 제1회 어린이날에 발표한 이 선언문을 〈어린이 해방 선언〉이라는 관점에서 보고, 그런 마음과 눈으로 지금 우리가 무엇을 어떻게 생각하고 실천해 나가야 할지를 선택하는 나침반으로 삼아야 한다고 생각한다.

2. 어린이는 독립된 인격체예요

> 어린이를 재래의 윤리적 억압으로부터 해방하여
> 그들에게 대한 완전한 인격적 예우를 허하게 하라.

이 조항에서 요구하는 도달점은 '어린이를 완전한 인격체로 예우하는 사회'를 만드는 것이다. '완전한 인격체'란 '독립된 한 사람으로 예우를 받을 권리가 있다'는 뜻이다. 1860년 문을 연 동학에서는 사람은 남녀노소 사농공상 귀천빈부를 떠나 누구나 한울님이기 때문에 모두가 평등하다고 했다. 2세 교주 최시형은 "어린이를 때리는 것은 한울님을 때리는 것"이라고 하면서 "어린이를 때리지 말라"고 하였다.

이 어린이 해방 선언을 주도한 천도교청년회 김기전과 방정환은 어린이도 어른과 똑같은 한울님이라고 선언하고 어린이도 어른과 똑같은 인격이 있는 사람이라는 선언을 실천하기 위해 노력하였다. 사람은 성장이나 성숙이나 발달이나 학습 정도에 관계없이 동등한 인격을 갖추고 있다는 의견에 요즘도 선뜻 동의하려는 어른들이 많지 않은데, 100여 년 전에는 정말 뜬구름 잡는 주장으로 치부될 수도 있었다.

그럼에도 선언 맨 앞자리에 '윤리적 억압으로부터 해방'을 넣은 까닭은 그때나 지금이나, 앞으로나 어린이가 우리 사회에서 자유롭고 평등하고 평화롭게 살아갈 수 있는 기본 조건이 되기 때문이다. 곧 어린이도 어른과 동등한 인격체로 예우 받을 권리가 있다는 것을 어른들이 마음에 새기지 않으면, 그런 사회가 되지 않으면, 우리 사회는 결코 모두가 행복한 세상으로 나아갈 수 없기 때문이다. 따라서 이 선언은 지금 우리 사회에서 다시 살려내어 되새기고 되새기면서 마음을 다잡아야 할 귀중한 사상적 보고이다.

이에 선언문 기초에 참여했을 김기전이 당시에 쓴 글을 살펴보면서 오늘 우리 현실을 생각해 보고 싶은 마음에 천도교청년회 부설 〈개벽사〉에서 발행하던 『개벽』 35호(1923년 5월호)에 김기전이 쓴 '개벽운동과 합치되는 조선의 소년 운동'이라는 글에서 '윤리적 억압으로터의 해방'과 관련된 내용을 간추려 소개한다.

해방! 해방! 이 말은 근래의 우리 조선 사람들이 퍽도 많이 부르짖게 되는 말이다. …(중략)… 재작년 이래로 이곳저곳 몇 군데에서 소년단체가 생기면서 이와 같은 보편적 소년 운동이 일어남을 보게 된 것은 실로 좋은 소식 중의 좋은 소식이다. 우리는 먼저 말만 듣기에도 한 조각 충정이 스스로 솟아나 약동함을 금치 못하겠다.

그러면 종래의 우리 조선 사람은 과연 어떻게 소년을 압박하였는가? 깊이 생각해 보면 처음으로 헤아릴 것은 윤리적 압박이다. 소년을 압박하는 유일한 도덕적 내지 윤리적 근거가 되는 것은 유교 윤리인 '장유유서(長幼有序)'다. 이런 유교 윤리 때문에 어른은 사회에서 가장 높은 지위와 가장 많은 혜택을 받는 반면에 어른이 아닌 어린이는 아무것도 아닌 것으로 취급되고 말았다. 근본적으로 그의 인격을 부인하였던 것이다.

어린이의 존재는 어른이 가지고 노는 물품이 되는 데에서만, 어른의 심부름꾼이 되는 데에서만 의의가 있었다. 이와 같이 어린이에 대하여는 근본적으로 그의 인격을 부인하였는지라 일상의 접촉에 있어서도 그에게 대해서는 사랑은 있었을지언정 공경(恭敬)은 없었다. 그 사랑은 마치 주인이 개나 말을 사랑하는 사랑이었으며, 개나 말이 그 새끼를 사랑하는 사랑이었다. 즉 그가 귀여웠으므로 사랑하였으며 그가 가련하였으므로 사랑하였으며 그를 자기 소유로 보았기 때문에 사랑하였다. 이 얼마나 천박하고 야비한 사랑이었는가?

종래 사회에서 어른이 어린이를 무시하는 생각을 하면 실로 기가 막힌다. 먼저 일일시시로 쓰는 언어에서 그를 한층 낮은 놈으로 취급하였다. 어른은 반드시 어린이를 하대하고 어린이는 반드시 어른을 공경으로 대하였다. 관혼상제는 재래의 사회적 의절 중에서 가장 중요한 의절이었다. 그런데 그 의절 중에 어린이에 대한 것이라고는 한 가지도 있지 아니하다. 일일이 말할 수는 없거니와 한마디로 하면, 종래의 우리는 유령 같은 고물(古物)로 인간을 나누어 보면서 어린이를 작은 조각으로 보았다.

어린이라는 조각은 보통 사람의 눈에는 보이지도 않을 만큼 작았다. 실로 말이지 지금까지의 사람들 눈에는 아주 어린이란 것이 보이지 않았다. 어찌하였든 재래의 사회제도 그것이 인간이란 것을 나누어 어린이를 최하위급에 둔 그것은 흔히 말하는 인사불상(人事不詳)이었다. 우리가 이러한 사회제도를 하루를 유지하면 하루만큼 재앙을 받을 것이다. 생각하면 모골이 송연하도다.[1]

김기전이 100여 년 전에 쓴 이 글을 읽을 때마다, 이 글에 비추어 100여 년이 지난 오늘 우리 사회를 돌아보면 모골이 송연해진다. 유교 윤리가 당시 사회를 99퍼센트 지배했다면 요즘 우리 사회에서는 스스로 유교 윤리를 낡아서 버린 것이라고 말하는 사람이 99퍼센트는 될 것이다. 그럼에도 불구하고, 어린이에 대한 인식은 김기전이 말

---

1   『소춘 김기전 전집』 I , 국학자료원, 2010, 470쪽-475쪽.

하는 윤리적 억압에 젖어 있는 어른이 99퍼센트가 되는 듯한 사회 풍토가 개선되지 않는 것은 무슨 이유 때문인가.

어린이를 사랑한다고 생각하는 사람들, 자녀를 사랑한다고 말하는 부모들 의식이 김기전이 지적한 '천박하고 야비한 사랑'에서 얼마나 벗어났다고 할 수 있을까? 개돼지가 자기 새끼를 사랑하는 것과 다를 바가 없다는 지적에 "그렇지 않아!"라고 말할 수 있는 어른이 얼마나 될까? TV 드라마[2]에서 적나라하게 묘사한, '강남 부모들'이 자기 자식을 의대에 보내기 위해 온 힘을 다하는 사랑(?)이 개나 말보다 나은 사랑이라고 할 수 있을까? 그보다 더 영악하고 비열한, 사랑이 아닌 욕망이 아닐까? 심지어 어린이 인권을 보장해야 한다고 떠들며 글을 쓰는 어른들 생각은 또 김기전이 비판하는 사랑에서 얼마나 벗어나 있을까? 그보다 100년 후에 살면서 이 글을 쓰는 나부터 자신이 없어 부끄러울 뿐이다.

---

2 JTBC에서 2018년 11월 23일부터 2019년 2월 1일까지 방송한 금토 드라마 〈SKY캐슬〉

3. 공부도 노동이에요

> 어린이를 재래의 경제적 압박으로부터 해방하여
> 만 14세 이하의 그들에게 대한
> 무상 또는 유상의 노동을 폐하게 하라.

사람이 사람다운 삶을 누리기 위해서는 밥이 있고 옷이 있고 집이 있어야 한다. 경제다. 우리 역사에서 어린이들이 가장 강하게 억압받고 있는 것이 경제적 억압이라고 할 수 있다. 이 선언을 발표한 1920년대에도 그랬고 100년이 지난 지금도 마찬가지다. 겉으로 나타나는 모습은 많이 달라졌지만 속으로 통제하는 압박과 억압의 본질은 거의 바뀌지 않고 있다. 아니, 그 심각성은 몇십 배 더 커지고 나빠진 것이 아닌가 싶다.

이렇게 말하면 사람들은 의심의 눈초리를 보낸다. 그동안 14세 이하 어린이에 대한 무상 또는 유상의 노동이 사라졌으니 좋아진 것이 아니냐고 생각하기 때문이다. 단순하게 세계 어린이 노동 현황을 보면 그렇다. 유엔(UN)에 따르면 노동을 하는 5세에서 15세 사이 어린이들이 1억 2천만 명에 달한다고 한다(2016년 기준). 그 가운데 상당수가 아프리카와 아시아에 사는 어린이들이다. 우리나라도 1987년 노동자 대투쟁 전만 해도 전태일 열사가 자기 몸을 불태우면서 세상에 호소할 정도로 노동 착취가 심각하였다. 그중에서도 소녀 노동이 특히 심각했다. 전태일 열사는 1970년 11월 13일, 동대문 평화시장에서 일하는 3만여 노동자들을 위해 온 힘을 다하다 근로기준법 화형식을 하던 날 근로기준법과 자기 몸을 함께 불태우며 "우리는 기계가 아니다!"라고 외쳤다. 초등학교를 다니다가, 또는 초등학교를 겨우 졸업하고 바로 노동시장으로 나온 14세 전후 어린이들이 기계처럼 일하다 시들고 죽어가는 노동 착취의 현실을 도저히 그냥 두고 볼 수 없었기 때문이다.

현재 우리나라 14세 이하 어린이들은 대부분 공장이나 농장이나 어장 같은 생산 현장에서 노동하는 것이 아니라 초중고등학교에 다니며 공부하고 있다. '그러니까 우리나라 어린이들은 행복한 줄 알아야 한다'고 대부분 어른들은 생각할 것이다. 그러나 불행하게도 우리나라 어린이들 행복도는 2000년 이후 20년 넘게 세계에서 가장 낮은 쪽에 속해 왔다. 행복하지 않은 가장 큰 까닭은 학교 공부에 대한 부담과 불안 때문이라고 한다.

우리나라 학교 현장은 교육 현장이 아니라 노동 현장이라고 불러야 마땅하다. 어린이들을 학교에 보내는 목적과 가르치는 내용, 방법을 볼 때 감옥에 갇힌 죄수들의 강제 노동 현장이라고 해도 과언이 아니다. 가난한 나라 어린이들이 식구들이 먹고살 돈을 벌기 위해 노동 현장에 나가서 일해야 한다면, 우리나라 어린이들 역시 미래에 잘 먹고 잘 살기 위해서 학교라는 노동 현장에 나가서 공부라는 노동을 하고 있는 것이다. 멀고 먼 내일이라는 미래에 잘 먹고 잘 살 수 있는 경쟁력을 갖추기 위해 오늘 무상 노동을 강요당하고 있는 것이다. 당장 오늘 하루 먹고 살기 위해 일하는 아이들은 그나마 자기 노동의 대가를 손으로 만지고 입으로 맛볼 수 있다. 그러나 오늘 이 땅의 아이들은 내일이라는 만져지지도 않고 보이지도 않는 금고에 노동 성과를 쌓기 위해 공부해야 한다.

이오덕은 학교 공부가 어린이들에게 놀이와 일과 공부를 하나로 만들어 줄 수 있어야 한다고 하였다. 그렇지 않은 공부는 어린이 몸을 시들게 하고 마음을 다치게 한다는 것이다. 나는 이런 뜻에서 보자면 지금도 우리 어린이들은 노동으로 억압받고 있다고 주장한다. 어린이들이 학교에서 강제 노동을 하지 않는 나라가 되어야 한다. 그런 강제 노동에서 해방되어 스스로 즐겁고 기쁘게 놀이와 일과 공부가 하나되는 참된 교육이 이루어질 때 '유상 무상의 노동에서 해방되었다'는 말을 할 수 있다. 6월 12일은 국제노동기구(ILO)가 정한 '세계 어린이 노동 반대의 날'인데, 우리나라에서는 어린이들이 학교에서 무상으로 시달리는 강제 노동에 반대하는 날이 되어야겠다.

어린이에 대한 경제적 억압은 우리 생활 곳곳에서 만날 수 있다. 어린이 수당은 세계 여러 나라에서 이미 몇십 년 전부터 시행하고 있다. 우리는 2019년 9월부터 겨우 6세 미만 어린이에게 모두 10만 원씩 주기로 했다. 그나마도 반대 여론이 만만치 않았는데 겨우 보편 복지 고개를 넘겼다. 65세 이상 노인들한테는 이미 오래전부터 교통비를 주고 있고, 노인 수당을 20~30만 원씩 주고 있는데 그 노인층에서 가장 반대가 심했다. 어린이 수당을 노인 수당보다 적게 주는 것도 또 다른 형태의 경제적 억압이라고 할 수 있다. 앞으로 아동 수당이라는 법정 이름도 어린이 수당으로 바꾸고, 그 나이와 금액을 노인과 같은 수준으로 확장시켜야 할 것이다. 현재 노인들은 당연히 자기 통장으로 수당을 받지만 어린이들은 부모가 특별히 선심을 써야만 자기 통장으로 받을 수 있다. 이것도 법으로 아예 어린이 자신의 통장으로 받도록 해야 한다.

우리나라 국가 예산에서 교육비가 차지하는 비중이 높아진다고 하는데, 국민 총생산의 5%를 넘은 적이 없다. 아직도 결코 많다고 할 수 없다. 또 초등학생, 중고등학생, 대학생, 대학원생한테 배정되는 1인당 경비를 보면 순수 교육비가 초등학생보다 대학생이 훨씬 더 많다.

〈어린이문화연대〉 활동을 하면서 관심을 갖게 된 문화 예술 분야

공공 지원금을 봐도 마찬가지다. 연극이나 영화 공공 지원금에서 어린이 분야에 대한 지원금을 따로 배정하지 않는다. 그나마 어린이 연극을 지원할 때도 제작 지원금은 어른을 대상으로 하는 연극 제작 지원금보다 훨씬 적게 책정하는 경우가 많다. 같은 연극인데 왜 이런 차별을 두는지 모르겠다. 오히려 어린이 연극이 만들기 더 까다로운 조건이 많으니 지원금을 더 많이 책정해야 하지 않을까? 영화 부문에서도 그렇다. 〈어린이청소년영화제〉는 5억도 많다고 하면서 어른 영화제에는 수십억 원을 배정한다. 동마다 노인정은 있고, 구마다 노인이나 여성을 위한 회관은 있는데 어린이문화원은 없는 구나 동이 더 많다. 이런 것도 어린이에 대한 경제적 불평등, 억압이다.

어린이에 대한 경제적 억압과 피해는 국가 차원에서 경제 재분배가 제대로 이뤄지지 못하기 때문에 일어나는 경우도 많다. 2016년의 경우 유무형의 부모 학대로 죽은 아이들을 조사해 보니, 154명 중 80명이 부모가 무직인 경우였다. 이처럼 부모의 열악한 사회경제적 상황이 어린이 학대의 주요 요인이 될 수 있다. 국가 차원에서 경제 재분배를 제대로 하지 않으면 그 피해는 곧 어린이들이 받아야 한다. 더 큰 죄는 현재를 사는 어른들이 미래 어린이들이 써야 할 자원까지 마구잡이로 갖다 쓴다는 점이다. 이는 어린이들이 마땅히 가져야 할 경제적, 생태적 권리를 짓밟고, 부모 세대가 심각하고 무자비하게 저지르는 약탈이고 착취라고 할 수 있다.

4. 자유롭게 배우고 놀 수 있도록 해 주세요

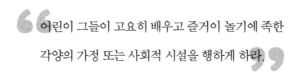

어린이 그들이 고요히 배우고 즐거이 놀기에 족한 각양의 가정 또는 사회적 시설을 행하게 하라.

한글박물관 개관 5주년 기념으로 2019년 5월에 〈한글의 큰 스승〉 특별 기획 전시회를 했는데, 세종대왕이 한글을 창제하여 반포한 이후 한글 발전에 가장 큰 업적을 세운 인물 다섯 분을 선정해서 전시회를 개최했다. 여러 전문가에게 추천을 받고 일반인 상대로 설문 조사를 해서 선정한 다섯 명 중 한 사람이 바로 방정환이었다. '어린이'를 비롯해 쉽고 바르고 아름다운 우리말을 새로 만들거나 잘 살려 썼고, 소년회를 통해 한글 보급 운동에도 적극 나섰기 때문이다. 앞의 문장에도 '고요히 배우고 즐거이 놀기'라는 표현이 들어갔는데, 어쩜 이렇게 쉽고 바르고 본뜻에 맞게 우리말을 잘 살펴서 썼는지 놀랍다. 지금

보면 평범한 글처럼 보이지만 100여 년 전의 학교 현장과 사회 실정을 생각할 때 이런 생각을 담은 정확한 우리말을 찾아서 쓰기가 쉬운 일이 아니다.

1910년 대한제국이 망하고 일제의 조선총독부가 우리 땅을 강제로 점령하고 통치하면서 학교는 학교가 아니라 식민지 노예 교육을 위한 병영이 되었다. 일본인 교원들이 제복을 입고 긴 칼을 차고 교실에서 아이들을 겁박하였고, 조선 역사와 말과 글을 혐오하고 멸시하도록 가르쳤다. 나중에는 아예 학교에서 조선말조차 못하게 하였고, 학생들끼리 서로 감시하고 고발하게 하고, 서로 때리게 하는 악랄한 벌칙을 주기까지 하였다. 즉 당시 학교는 '고요히 배우고 즐거이 놀' 수 있는 곳이 아니었다. 겉으로만 조용한 학교였다. 폭력과 멸시와 차별에도 가만히 있어야 하는 침묵과 복종의 공간이었던 것이다.

배움의 터전이 고요히 배울 수 있는 곳이 되려면 최소한 억압과 폭력은 없어야 한다. 고요하다는 말에는 조용하다와는 다른 그윽한 깊이와 평화가 깃들어 있다. '고요한 밤 거룩한 밤'이라는 캐럴을 부를 때 가끔 생각한 적이 있다. 가사를 '고요한 밤'이 아니고 '조용한 밤'이라고 했으면 그다음 '거룩한 밤'의 느낌이 제대로 살아나지 않았을 것 같다. 조용한 교실은 스스로 조용할 수도 있겠지만 억압이나 폭력으로도 가능하다. 그러나 고요한 교실은 몸을 둘러싸고 있는 환경은 물론 몸 안 깊이까지 평화로울 때 쓸 수 있는 말이다.

조선 시대 서원이나 서당에서 공부할 때, 이처럼 고요히 배울 수 있는 분위기였을까? 지도하는 사람에 따라 다르겠지만 혹시 퇴계 이황이 가르치던 도산서원 같은 곳이라면 고요히 배우기를 즐기는 곳이지 않았을까 싶다. 그런데 방정환이 어린이 해방 선언을 했던 1920년대, 일제 조선총독부가 장악한 학교는 학교라기보다는 식민지 노예 교육을 통해 황국신민을 만들어 내는 훈련소였기에 '조용한 학생'과 '큰소리치는 교사'가 있을 뿐이었을 것이다.

일제 식민지 시기 학교 문화가 해방 뒤에도 그대로 이어졌다. 이승만 자유당 독재 정부를 거쳐 박정희 군사독재 정부로 이어지면서 억압과 폭력을 기반으로 하는 군대식 학교 문화가 더 강력하게 작동했다. 황국신민서사와 같은 '국민교육헌장'을 만들어서 강제로 외우게 하고, 한 글자 틀릴 때마다 한 대씩 때렸다. 학생자치회를 폐지해서 학도호국단으로 만들고, 학교 운동장에서 군사 훈련을 시켰다. 학교가 병영을 넘어 교도소처럼 되었다. 이 시대 아이들은 학생이라는 죄로 학교라는 교도소에 갇혀 공부라는 벌을 받았다.

1990년대 이후 교육민주화와 참교육운동이 일어나면서 학교 현장이 바뀌는가 싶었는데, 또 다른 억압과 폭력에 시달리고 있다. 국민들을 불안 공황에 빠지게 한 텔레비전 드라마 '스카이캐슬'이 보여주었듯이 학교는 100년 전, 또는 고도 산업 성장기와는 또 다른 억압과 폭력에서 헤어나지 못하고 있다. 과거 제국주의 침략과 군사독재 사회

1980년대 필자 학급 수업 장면, 참교육을 주장하는 교사들은 교실 책상 배열을 종횡을 맞추지 않고 둥그렇게 놓고 연극이나 토론 수업을 한다고 지적을 받을 정도로 억압적인 시대였다.

체제 때문에 학교 현장이 억압과 폭력에 물들었다면, 지금은 빈부 양극화에 따른 두려움과 교육을 통한 신분 유지와 상승에 매몰된 비인간적이고 반인륜적인 억압과 폭력에 시달리고 있다.

중학교 교실에서 교사가 학생들에게 성차별과 성희롱 발언을 했는데도 법원에서 무죄를 받아 돌아오고, 학교 폭력으로 소송이 빈번해지면서 학교가 법정 싸움으로 멍들고 있다. 이러한 폭력적 문화는 아이들 사이에도 전염되어 억압과 폭력을 이용한 가해자들이 피해자를 끝없이 만들어 내고 있다. 아이들과 교사와 학부모들이 사랑과 믿음 속에서 고요히 배울 수 있는 곳이 아니라 서로 미워하고 다투는 곳이 되고 있다. 이런 문제를 하루빨리 해결하지 않으면 학교교육이 바로 설 수 없고, 어린이들이 참된 삶을 가꿀 수 없을 것이다.

그렇다면 어린이들이 '즐거이 놀기에 만족할 수 있는 사회 시설'은 어떠한가? 아이들은 집과 학교에서는 지나치게 보호받고 있고, 학교와 집 밖으로 나가는 순간 가장 나약한 존재로 전락하면서 착취당하고 핍박받는다. 그 차이가 커지면 커질수록 아이들은 불행할 수밖에 없다. 대한민국 아이들의 행복 지수가 경제협력개발기구(OECD) 가입 국가 중에서 가장 낮은 까닭이다.

〈청소년기본법〉제48조 2항을 보면 "국가 및 지방자치단체는 학교의 정규교육으로 보호할 수 없는 시간 동안 청소년의 전인적(全人的) 성장 발달을 지원하기 위하여 다양한 교육 및 활동 프로그램을 제공하는 종합적인 지원 방안을 마련하여야 한다."고 되어 있다. 〈청소년 기본법 시행령〉에서는 "중앙정부와 지방자치단체에서 방과후종합지원계획을 수립·시행하여야 한다."고 하였고, "방과후활동 지원센터를 설치하여 운영할 수 있다."고 되어 있다. '할 수 있다'고 하였는데 대부분 지방자치단체에서는 지원센터를 만들지 않고 있다.

100여 년 전에 방정환과 어린이 운동가들은 18세 이하 아이들이 '고요히 배우고 즐거이 놀 수 있는 다양한 사회 시설'을 만들어야 한다고 하였다. 대한민국 100년이 지나는 지금 우리 현실을 보면 아직도 갈 길이 멀다. 우리 아이들이 평화 속에서 고요히 배우고 즐거이 놀기에 넉넉한 세상이 되기를, 나아가 젊은이와 늙은이들도 평화롭게 살 수 있는 세상이 하루빨리 실현되기를 빌어 본다.

어린이

제2부

어른을 위한 지침

우리 사회는 어린이를 경제와 정치에서 철저하게 소외시키고 있다. 어린 세대는 국가 경제 생산에서 소외당하고 분배에서 착취당하고 있다. 국가 예산 배분은 처음부터 끝까지 어른 세대가 독점하고 있다. 더 기막힌 것은 인간 생활의 기본인 정치에는 얼씬도 못하게 하는 것이다. 민주 시민 교육에서 가장 기본이 되어야 하는 정치 교육이라는 말만 나와도 보수는 물론 대다수 국민이 기겁을 한다. 심지어 총선 때 초중고 학생들이 모의 투표를 하겠다는 것조차 중앙선관위가 나서서 막는 나라다.

1. 어린이를 존중해주세요

" 어린이를 내려다보지 마시고 치어다보아 주시오. "

방정환은 '어른들에게 드리는 글' 아홉 가지 중에서 '어린이를 내려다보지 마시고 치어다보아 주시오'를 맨 앞자리에 놓았다. '치어다'를 요즘 말로는 '올려다'로 바꾸는 게 좋겠다는 생각으로 제목을 바꾸었다. '치어다'는 '쳐다'인데, '쳐다보다'라는 말은 요즘에 와서는 조금 달라졌다. "왜 쳐다 봐?"하는 말은 누가 자기를 보는 게 기분 나쁠 때 흔히 쓰는 말이기 때문이다. 방정환은 어른들이 어린이를 낮잡아 보듯 내려다보지 말고 높은 사람 보듯 올려다보라는 뜻을 담았다. 또 어른들에게 가장 먼저 가장 소리 높여서 하고 싶은 말이었을 것이다.

이 말은 그로부터 100년이 지난 이 시대를 사는 어른들 역시 어린이에 대한 마음과 행동에서 가장 기본으로 삼아야 할 말이다. 100년 동안 과학 문명은 엄청난 진보를 하였음에도 불구하고 이 점—어린이를 올려다보는 일에서는 정말 병아리 눈물만큼이나 나아진 것이 있는지 돌아볼 일이다. 겉으로만 보면 어른들이 어린이를 대하는 태도가 훨씬 좋아졌다고 볼 수 있지만 그 속을 들여다보면 어른들이 자기만족이나 투자 대비 이윤을 높이기 위한 속임수에 지나지 않는다는 걸 알 수 있다.

어린이들이 살아가는 기본 공간은 집이다. 집이라는 공간에서 부모라는 어른 세대와 자녀라는 어린 세대가 가정을 꾸리고 살아간다. 방정환은 가정에서 어린이를 주장으로 삼자고 하였다.

> 묵은 사람이 새 사람 보고 내 말만 들어라, 내 말만 들어라 하면서 새 사람의 의견을 덮어 누르기만 하면, 천년만년 가도 새 것이 나올 수 없고, 아버지보다 더 새롭고 잘난 아들이 있을 수가 없는 것입니다. 내 말만 믿지 말고 나보다도 더 잘난 사람이 되어 새것을 생각하고 새 일을 하도록 하라고 떠받쳐 주고 새 의견을 존중해 주어야 할 아버지보다 아버지가 잘나고 아버지보다는 아들이 잘나고 아들보다도 손자는 더 잘나게 되어 자꾸자꾸 집안이 잘되고 세상이 잘될 것입니다. 오늘부터는 어린 사람을 주장으로 삼고 어린 사람을 이때까지처럼 내려다보지 말고 치어다보면서 매사를 어린이를 생각해 가면서 어린이들을 잘 키우

도록 하여 가십시다.[1]

요즘 가정 경제에서 자녀에 대한 투자 비율이 상당히 높은 것은 사실이다. 어린이를 존중하고 높여 주고 잘 보살피기 위해 노력하는 가정도 많이 늘었다. 먹을거리나 입을 것, 장난감과 온갖 소모품에 대한 자녀들의 요구에는 지나치다 싶을 정도로 질질 끌려가고 있다. 그러나 새로운 의견, 새로운 생각, 새로운 일에 대한 의사 표현을 존중해 주거나 그 뜻을 받들어 주는 데는 인색하기 짝이 없다. 사실은 부모라는 어른 세대는 대부분 이런 면에는 관심이 없다. 경제 소득과 이윤을 높이는 데만 관심이 많다.

자본주의 시장 경제의 노예가 된 자녀들의 각종 소비 욕구를 충족하기 위한 요구나 심지어 횡포까지도 받아 주는 까닭은 그들을 시민으로 존중하기 때문이 아니다. 그렇게 해야 투자 대비 수익성이 높아질 수 있다는 기대와 환상 때문이다. 이처럼 겉으로는 올려다보기를 하는 것 같지만 속으로는 내려다보기가 견고한 성과 같이 자리 잡고 있다.

최근 KBS 2TV에서 방영했던 '사랑은 뷰티풀 인생은 원더풀'이라는 드라마는 이러한 내려다보기에 매여 사는 가족의 비극을 극명하

---

1 방정환한울학교, 『방정환 말꽃 모음』, 단비, 2018, 37쪽.

게 보여주고 있다. 대법관인 어머니와 대재벌 회장인 어머니가 자녀들을 위해서 자기 능력으로 해 줄 수 있는 것은 다해 주지만 올려다보기가 아니라 내려다보기라는 기본 틀에서 벗어나지 못하고 있다. 이 때문에 언니인 판사 어머니는 이성과 합리성으로 위장해서 두 아들을 죽음으로 몰아가고, 동생인 회장 어머니는 감정과 오만을 적나라하게 드러내면서 며느리가 마음에 안 든다고 아들을 이혼시키는 것이다. 우리 부모들이 자녀들을 철저하게 내려다보면서 어떻게 올려다보기로 위장하고 있는가를 보여주고 있다.

초중고 교사들과 이야기를 나눠 보면 점점 교사 생활이 힘들어진다고 호소한다. 심지어 학생과 학부모가 두렵다고 하는 교사도 늘어나고 있다. 작은 꼬투리만 잡혀도 고발하기 일쑤라서 생활지도 자체가 어렵다고 한다. 후배 교사들 가운데서 학생에 대한 사랑과 교육에 대한 열성, 교육자다운 품성이 상당히 좋아 보이는 교사인데도 학생들의 작은 다툼 때문에 형사 고발까지 당했다는 사례도 직접 들었다. 교사들은 그 원인이 학생 인권만 강화되고, 교권은 약화되었기 때문이라고 한다.

그러나 학생들 이야기를 들어 보면 반대로 학생 인권이 어처구니없게 짓밟히는 사례도 많다. 학교 다니기가 싫어서 유학을 가거나 자퇴하는 학생도 적지 않다. 언론에서 고등학교 수업 시간에 3분의 2가 잠을 잔다는 비난 기사가 나오기도 한다. 한마디로 지금 학교 상황은 교사도 괴롭고 학생도 불행하다는 이야기다.

왜 이렇게 교사도 학생도 불행한 학교가 되고 있을까? 학생 인권만 강화되고 교권은 약화되었기 때문이 아니다. 학생 인권이 겉으로만 포장될 뿐 속으로는 여전히 짓밟히고 있기 때문에 일어나는 충돌이다. 학교에서 학생들이 정말 한 사람의 시민으로 대접받고 있는가? 전혀 그렇지 못하다. 겉으로는 교복 입은 시민이라고, 학교 주인이라고, 교육의 3주체 중 가장 중요한 주체라고 말한다. 그러나 실제로는한 사람의 독립된 시민으로서 가져야 할 권리는 무시되기 일쑤다. 학교 주인이라고 하면서 실제로 주인다운 권리를 행사할 길이 없다. 가장 중요한 교육 주체라고 하면서도 교육을 소비할 의무만 강요당하고 스스로 교육을 생산할 권리는 없다. 이렇게 겉과 속이 다르면 신뢰는 무너지고, 사소한 일에도 충돌한다. 결과적으로 교사와 학생들이모두 불행해질 수밖에 없다. 더 심해지면 끝내 양쪽 모두 자신을 파괴하고 만다. 학교교육이 자멸에서 벗어나는 일은 학교 사회가 학생이라는 어린 세대를 참된 마음으로 올려다보아 줄 때만 가능하다.

가정과 학교에서 어른 세대가 어린 세대를 내려다보는 의식에서 벗어나지 못하고, 그런 의식에 따라 만들어 놓은 틀을 바꾸지 못하는원인은 결국 우리 사회 정치 경제 구조에 문제가 있기 때문이다.

우리 사회는 어린이를 경제와 정치에서 철저하게 소외시키고 있다. 어린 세대는 국가 경제 생산에서 소외당하고 분배에서 착취당한다. 국가 예산 배분은 처음부터 끝까지 어른 세대가 독점하고 있다. 더 기막힌 것은 인간 생활의 기본인 정치에는 얼씬도 못하게 하는 것이다. 민주시민 교육에서 가장 기본이 되어야 하는 정치 교육이라는 말만 나와도 보수 세력은 물론 대다수 국민이 기겁한다. 심지어 총선 때 초중고 학생들이 모의 투표를 하겠다는 것조차 중앙선관위가 나서서 막는 나라다. 독일이나 북유럽을 비롯한 선진 민주국가에서는 초등학교부터 민주시민을 위한 기본 교육으로 정치 교육을 중요하게 다룬다. 정당 가입도 어린 세대에까지 열려 있어서 동아리 활동하듯 정당 활동에 참여할 수 있다.

국가 예산 배분에 18세 미만 어린 세대도 참여할 수 있어야 하고, 그들이 마땅히 나누어 받아야 할 것을 그들에게 나누어 주어야 한다. 더구나 그들 세대가 써야 할 물과 공기와 햇볕과 바람, 지하자원을 망치거나 앞당겨 써서는 안 된다. 정치 토론에 참여할 수 있어야 하고, 정당 가입도 자유롭게 할 수 있어야 한다. 누구나 인생의 4분의 1을 어린이, 청소년으로 살아야 하고, 국민의 3분의 1이나 되는 어린이들을 어른들이 내려다보지 않고 올려다본다면, 어린이가 한 사람의 인격체로 존재하고 있음을 참된 마음으로 볼 수 있다면, 원래 그들이 갖고 있는 권리를 그들을 위한다는 속임수로 빼앗거나 침해하는 것이 아니라 있는 그대로 존중하고 누리게 한다면, 어린이와 청소년의 정치 참여와 예산 배분 등은 너무나 당연한 일이다.

2. 자주 이야기해 주세요

> **❝** 어린이를 갓가히 하사 자조 이야기하여 주시오. **❞**

　방정환은 〈어린이 찬미〉라는 글에서 "어린이 살림에 친근할 수 있는 사람, 어린이 살림을 자주 들여다볼 수 있는 사람—배울 수 있는 사람—은 그만큼 한 행복을 더 얻을 것이다"라고 하였다. 여기서 '한'은 '마땅한'의 의미도 되지만 '큰'의 뜻으로 읽어도 된다. 또 살림이란 우선 '살아가는 일'이자 '살리는 일'이다. 곧 어린이가 살아가는 자리에 가까이 다가가서 지낼 수 있고, 그 모습을 자주 들여다볼 수 있고, 어린이가 살아가는 모습을 보면서, 또 어린이가 더 잘 살아가도록 살려 줌으로써 어린이로부터 배울 수 있는 사람은 그에 비례하는 행복을, 큰(한) 행복을, 밝고 환하게 빛나는 행복을 더 얻을 것이라는 뜻이다.

　2020년 초부터 갑작스런 코로나19 사태로 어린이들이 집 안에 오래 머물러 있게 되었다. 2020년 5월, 한 연구기관이 어린이-청소년의 생활 상태를 설문 조사한 결과가 뉴스로 나오기에 유심히 보았다. 조사 결과 친구들과 놀 수 있는 시간이 줄었다가 평소 10퍼센트에서 50퍼센트로 늘었고, 온라인 게임을 하거나 스마트폰을 갖고 노는 시간이 평소 16퍼센트에서 46퍼센트로 늘었고, 앞으로 밀린 공부를 해야한다는 스트레스 지수가 가장 높았다고 한다. 그래도 집에 있는 시간이 길어진 결과 부모와 자녀들이 이야기를 나누는 시간이 하루 평균 3시간 이상이었다는 비율이 29.8퍼센트로 나타나 평소 11.2퍼센트보다 18.6퍼센트나 높아졌다고 한다. 한편 불만 조사에서는 친구들과 마음껏 뛰어놀지 못해 불만족하다(47.0점), 집에 있는 동안 살이 찌고 외모가 못생겨질까 봐 걱정이다(33.1점), 부모님이 지나치게 간섭하고 참견해서 짜증이 많이 난다(29.0점) 순으로 나타났다.

부모들이 자녀들과, 또는 어른들이 어린이들과 가까이서 만나게 되었을 때 마음에 새겨서 실천해야 하는 것이 어린이 살림을 자주 들여다보되 가르치려는 마음이 아니라 배우는 마음이어야 한다고 방정환은 말한다. 부모나 어른이 가르치려는 마음으로 어린이를 들여다보면 지나친 간섭이 되기 쉽고, 간섭이 많아지면 몸은 가까이 있어도 마음은 더 멀어질 수 있기 때문이다. 그래서 방정환은 어린이를 치어다(올려다)보며 배울 수 있는 사람이어야 행복할 수 있다고 한 것이다. 방정환은 한 걸음 더 나아가 어린이는 복이고, 그 복을 나눠 받을 수

어린이들에게 이야기 들려주는 할머니

있다고 했다. 나는 어린이에게 배우지 않는 사람은, 배우지 못하는 사람은, 배울 수 없는 사람은 어린이들을 가르치는 자리에 있으면 안 된다고 생각한다.

어린이는 이야기를 먹고 자란다는 말이 있다. 어릴수록 부모가 들려주는 이야기는 피가 되고 살이 되고 마음이라는 밭에 뿌려 주는 씨앗이 된다. 부모나 교사를 비롯한 어른들이 어린이에게 들려줄 이야기는 크게 세 가지로 나눌 수 있다. 첫 번째는 지금 살아가는 이야기이고, 두 번째는 그냥 재미있는 이야기이고, 세 번째는 이렇게 살아갔으면 하는 소망이 담긴 진지한 이야기이다.

지금 살아가는 이야기는 어린이들 질문에 대한 대답에서부터 시작하게 된다. 어린이들은 나이가 어릴수록 살아가면서 보고 듣는 것에 대해 끊임없이 묻는다. '이건 뭐야?', '이건 뭐하는 거야?', '왜? 왜? 왜?'를 입에 달고 산다. 초등학교 저학년을 담임하면 가장 어려운 게 끝없는 질문에 대응하는 일이다. 별별 자잘한 걸 다 물어 오고, 다른 어린이가 질문해서 대답해 준 것도 다시 자기가 직접 물어서 대답을 들으려 한다. 예를 들면 쉬는 시간에 한 어린이가 교실 앞 담임교사 책상 앞으로 나와서 "선생님 오줌 누러 가도 돼요?" 하고 묻는다. "네, 다녀오세요." 그러면 지켜보던 다른 아이가 쪼르르 나와서 "선생님 저도 가도 돼요?"라고 묻는다. "그럼 되지요, 아까 수업 끝나는 종 치면서 말했잖아요."라고 대답하면, 마침 화장실 가려고 뒷문으로 나가던 어린이까지도 되돌아와서는 "선생님 저도 화장실 가도 돼요?" 묻는다. "…!" 그쯤에서 입을 다물거나 나아가 화를 내면 스스로 교사 자격이 있는가 물어봐야 한다. 부모도 마찬가지다.

　어린이들은 교훈이 겉으로 드러나는 이야기보다 그냥 재미나는 이야기를 들려주는 걸 좋아한다. 재미나는 이야기란 웃기는 이야기, 무서운 이야기, 놀랐던 이야기, 처음 듣는 이야기, 부끄러운 이야기, 신기한 이야기, 황당한 이야기, 도저히 믿을 수 없는 이야기 같은 것들이다. 공부하다가도 갑자기 먹구름이 몰려오고 교실이 어두워지면 하나같이 무서운 이야기를 해 달라고 한다. 그렇지 않아도 먹구름이 몰려오면 으스스하고 무서운데 왜 무서운 이야기를 더 해 달라고 조르는지 처음에는 이해가 안 되었지만, 몇 번이나 되풀이한 비슷한 귀신 이야기를 또 해도 좋다고 하는 걸 보면서 조금씩 그들의 마음을 이해하게 된다. 무섭다고 하면서도 좋아한다. 좋은 부모나 교사가 되려면 그냥 재미있는 이야기 몇 가지 정도는 알고 있어야 하고, 조를 때마다 조금씩 다르게 바꿔 가면서 들려줄 수 있어야 한다. 들려주기보다 한 단계 낮기는 하지만, 편하기로는 책 읽어 주기다.

어린이들은 정말 진지한 이야기를 들으면, 어른들이 자기들을 존중하고 배우려는 마음으로 이야기를 들려주면 누구보다 진지하게 들어 준다. 몇 년 전에, 1980년대 초에 담임했던 제자의 메일을 받았다. 초등학교 졸업하고 중학교 때까지는 찾아오다가 연락이 끊어진 뒤 20년 가까이 지난 뒤였다. 너무나 고민되고 힘들어서 편지를 보낸다고 했다. 그 제자는 남편이 바람피운 이야기를 길게 쓰고는 이혼을 하고 싶은데 아이들이 어떻게 생각할지 걱정이라고 했다. 당시 3학년 딸과 5학년 아들이 있다고 했다. 나는 아이들이 어떻게 생각할지 지레 걱정하지 말고 아이들하고 솔직하고 진지하게 이야기를 나누어 보라고 했다. 나한테 상담하는 것보다 그게 훨씬 더 좋은 상담이라고 했다. 이혼하거나 또는 이혼하지 않고 살거나, 어떤 경우든 가장 큰 영향을 받는 건 본인 다음에 자녀들이기 때문이다. 그러니 자녀들하고 충분히 이야기를 나누어 보고 자녀들의 의견을 존중해서 결정해 보라고 했다. 그렇게 해 보았는데도 안 되겠으면 다시 나하고 이야기를 나눠 보자고 했다. 5년쯤 뒤에 다시 메일이 왔는데, 자녀들과 이야기 나누고 셋이 같이 결정한 대로 해서 행복하게 잘 살고 있다고 했다.

어른들은 어려운 일은 어린이들에게 이야기하려고 하지 않는데, 나는 아무리 어려운 일이라도 자녀나 그 어린이와 직접 관련이 있으면 이야기를 해야 한다고 생각한다. 학교에서도 학급 운영 때문에 교장이나 교감, 다른 교사들과 갈등이 있었을 때 학급 어린이회의에서 이야기를 하고 의견을 들어서 결정했다. 다른 어린이나 학부모들하고 갈등이 있을 때는 그 어린이에게 먼저 공개해도 될지 의논하고 허락을 받으면 교실에서 공개하고 의견을 나누었다. 그때마다 아이들은 상당히 현명하고 부드럽고 창의적인 방법을 내놓았고, 비밀을 잘 지켜 주었다. 어린이 삶에 크고 작은 영향을 주는 일에 대한 의견을 솔직하고 진지하게 어린이들과 공유할 수 있어야 한다. 집이나 학교나 마을이나 나라에서 일어난 이야기를 진심으로 나누는 어른들이 많아지기를 소망한다.

3. 고운 말을 써 주세요

66 어린이에게 경어를 쓰시되 늘 보드럽게 하여 주시오. 99

〈어린 동무들에게 부탁하는 글〉두 번째에서는 어른들에게는 물론이고 당신(어린이)들끼리도 서로 존대하기로 하자고 했다. 여기서 한 걸음 더 나아가 어른들도 어린이들에게 높임말을 쓰자고 한 것이다. 100년 전 한국 사회에서는 놀림거리가 되기 딱 좋은 제안이었고, 가정에서나 사회에서나 실천하기가 너무 어려운 일이었다. 모두가 모두에게 평등한 언어를 사용해야 한다는 것은 당시 사회에서는 혁명보다 더 어려운 일이었을 것이다.

방정환이 1927년 『별건곤』 2월호에 '심부름하는 사람과 어린 사람에게도 존대를 합니다'라는 제목으로 쓴 글에서 자기 경험을 털어놓았다. 방정환은 "1922년 몇 사람이 경어 쓰기에 대해 이야기를 나누었다."고 한다. "나보다 나이가 어리다고 말을 다르게 하는 것은 아무 까닭 없는 차별이고, 또 나는 사장이고 너는 심부름하는 일꾼이라거나 지식이 나보다 낮거나 돈이 나보다 없다거나 하는 이유로, 나이가 적은 사람이 나이가 많은 사람한테 반말을 하는 것도 말할 여지 없는 잘못"이라고 하였다. 그러면서 "새로운 윤리를 세우는 한 가지로 어린이 운동을 하는 우리는 누구에게나 같은 말을 쓰자고 결심하고 결심했다."고 하였다. 그 결심에 따라 "1922년부터 누구에게든지 '하게', '해라'라고 하지 않고 '하십시오', '하였습니까'라고 했다"고 하였다.

처음에는 어린 사람이나 심부름하는 사람한테 높임말을 쓰는 걸 스스로도 대단히 어색하고 거북하게 느꼈고, 듣는 나이 어린 사람이나 일꾼들이 얼굴이 발개지는 경우도 자주 보았다고 한다. 또 하인이나 어린 학생들이 자기를 부르는 줄 모르는 경우도 있어서 불편했다고 한다. 그래도 5년 동안 열심히 실천해서 이제 사회에서는 괜찮은데 아직 집에서는 어린 자녀들에게 높임말 쓰기가 어렵다고 하였다. 이런 점에서는 김기전이 자기보다 훨씬 먼저 경어 쓰기에 자리가 잡혔다고 하였다. 김기전은 집에서 어린 아들에게도 조금도 거북하지 않게 경어를 편히 쓰고 있다는 것이다.

나는 2018년과 2019년 2년 동안 청소년 선거권 운동에 참여했었다. 우리나라에서는 1960년에 20세, 2005년에 19세부터 선거권을 행사할 수 있었고, 2019년 12월 27일 개정된 선거법으로 18세부터 선거권을 행사할 수 있게 되었다. 이런 성과를 내는 데 가장 앞장선 단체가 〈촛불청소년인권법제정연대〉이다. 연대 활동의 중심은 18세 전후 청소년들로, 촛불 혁명을 거치면서 성장한 청소년들이 스스로 주체가 되어 앞장선 운동이었다. 청소년들이 앞장서고 어린이문화연대를 비롯해 많은 시민단체들이 연대 단체로 뒤따라 참여했다.

청소년들은 스스로 의논해서 국회 앞에서 천막 농성을 하고, 삭발을 하고, 각 국회의원과 정당을 찾아다니면서 18세 선거권 운동을 힘차게 전개하였다. 연대 단체들은 돌아가면서 국회 앞 천막 농성장에 합류하였는데, 얼마 안 되어 청소년들이 항의하였다. 연대 단체 어른들이 와서 삭발한 청소년 머리를 쓰다듬으면서 기특하다고 말하거나, 격려한다면서 반말을 한다는 것이다. 평소 어린이청소년권리운동에 관심을 갖고 앞장서는, 진보 성향이 강한 단체 임원이나 주요 회원들인데도 그랬다. 그래서 협의한 끝에 농성장에 방문하는 단체 어른들이 현장 활동가 청소년들한테 기특하다고 말하지 말고 동등한 운동가로 대하며, 청소년들과 이야기할 때 반말을 하지 말라는 규정을 써서 붙여 놓았고, 방문 신청을 하면 먼저 이러한 수칙을 자세히 설명하였다. 그럼에도 평가 때마다 무심코 반말을 하는 어른들 이야기가 심심치 않게 나왔다.

국회 앞에서 농성을 하다 보면 보수 단체나 보수 정당 사람들하고 부딪칠 때가 자주 있었는데, 그들은 아예 처음부터 반말이나 고성, 심

18세 선거권 운동에 나선 청소년들과 함께(가장 오른쪽이 필자)

지어 험한 욕지거리로 야단치듯 청소년들을 무시하는 말을 하였다. 전철이나 버스에서 노란 리본을 달고 다니는 청소년들에게 "너희들이 뭘 알아서 4·16 추모를 그렇게 열성으로 하느냐?"고 반말로 꾸짖듯 말하는 것은 예사고, 길을 가다 만나는 어린 아기는 물론 아기 엄마에게까지 반말을 하는 '늙은이'들이 태반이다. 어린이 해방 선언 100주년이 다가오는 우리 사회 현실이다.

어린이 해방 선언 100년이 지난 지금 크고 작은 회사의 직원들 사이에서는 어느 정도 평등한 대화가 이루어지고 있을까? 임원과 일반 직원, 정규 직원과 비정규 직원, 사무직 노동자와 생산직 노동자, 아파트 관리직과 경비원, 학교장과 평교사, 교사와 학생을 비롯해 우리 사회 곳곳에서는 아직 서로가 서로에게 쓰는 말에서 차별이 심하게 작용하고 있다. 이오덕은 우리 사회를 민주주의 사회로 살려 내려면 먼저 말의 민주화가 되어야 한다고 하였다. 학교 현장에서 말이 민주화되어야 민주 교육이 되고, 언론에서 말이 민주화되어야 민주 사회가 되고, 정치계의 말이 민주화되어야 민주 정치가 되고, 법원에서 쓰는 말이 민주화되어야 법이 누구에게나 평등하게 적용될 수 있는 민주주의 법치 사회가 될 수 있다는 것이다. 누구에게나 어디에서나 서로 나누는 말에서 차별이 없고 평등해야 한다.

이오덕은 1989년에 쓴 『우리글 바로쓰기 1』의 전체 6개 장 중 '제4장 말의 민주화(1)'과 '제5장 말의 민주화(2)' 2개 장을 할애할 정도로 우리말과 글을 바로 데 말의 민주화가 중요하다고 생각하였다. 당시 대통령이 대국민 담화를 발표하면서 '본인'으로 말하는 것은 비민주적이기 때문에 '저는'으로 말해야 한다고 하였는데, 30년이 지난 지금 어느 정도 실천하고 있는 것으로 보인다. '대통령 각하'도 그냥 대통령으로 하거나 높이는 뜻을 붙이고 싶다면 '님'이나 '께서는' 정도가 좋다고 했는데, 이제 '각하'라는 말을 쓰는 사람은 거의 없는 것 같다. 다만 정치인들의 행태를 볼 때 그런 말이 마음에서까지 다 사라진 것은 아닌 것 같다.

방정환은 서로 높임말을 쓰거나 낮춤말을 쓰거나 한 가지로 해야 말에서 차별 없는 새로운 윤리와 사회를 만들 수 있다고 주장했다. 이오덕은 여기에서 한 걸음 더 나아가 지식이 있는 사람과 없는 사람이다 알 수 있고, 나이가 많은 사람과 어린 사람이 모두 알 수 있으며, 권력이 있는 사람과 없는 사람 누구나 알 수 있는 말을 써야 한다는 주장을 폈다. 두 사람 모두 더욱 중요하게 여긴 것은 누구나 차별 없이 평등한 말을 쓴다고 하더라도 '보드랍게' 해야 한다는 것이다. 방정환은 '보드랍게 말해야 한다'고 했고, 이오덕은 '부드럽게 말해야 한다'고 했다. 나는 '보드랍게'에 한 표를 주고 싶다. 그 느낌이 너무 좋아서다.

방정환은 『별건곤』(1927)의 글을 마무리하면서 "'자기 아들보고도 해라를 못 하면 누구에게 하느냐?'고 우리들 이야기를 듣고 웃는 이가 많지마는 그런 사람일수록 '내가 낳은 자식을 내 마음대로 못 하고 무얼 한단 말이냐?'는 아주 괴악한 망할 생각을 가진 사람입니다. 재앙 받을 일이지요."라고 썼다. 요즘 우리나라는 물론 전 세계 각국에서 일어나는 일을 보면서 정말 재앙을 받고 있는 게 아닌가 싶다. 그리고 그 재앙의 뿌리는 말에서 오는 것이라는 생각이 든다. 방정환과 이오덕이 꿈꾸던 세상, 말에서부터 차별 없는 새로운 세상을 열어야 재앙이 아니라 복을 짓는 세상이 될 것 같다. 그래서 나는 오늘도 전 세계 자본가와 노동자들이, 전 세계 지식이 많은 사람과 적은 사람이, 전 세계 나이 많은 사람과 어린 사람이 누구나 서로에게 같은 높이를 나타내는 말로 차별 없이, 서로 알아듣기 쉬운 말로 보드랍게, 보드랍게, 보드랍게 말하면서 살아가는 세상을 꿈꾼다.

4. 잠도 운동도 부족해요

> 66 잠자는 것과 운동하는 것을 충분히 하게 하여 주시오. 99

이 조항을 보고 처음에는 깜짝 놀랐다. '아니, 아이들이 잠자고 운동하는 문제가 100년 전에도 이렇게 심각한 문제였는가?'라는 생각 때문이었다. 나는 요즘 우리 어린이들 삶을 해치는 중요한 문제 가운데 하나가 잠을 충분히 잘 수 없는 것이라고 생각한다. 그래서 기회 있을 때마다 어린이들이 충분히 잠자지 못하게 하는 사회와 교육 문제를 비판하였다.

그 당시 어른들에게 어린이들이 잠자는 것과 운동하는 것을 충분하게 해 달라고 한 것으로 보아 방정환의 어린이와 교육에 대한 철학과 지식이 상당히 앞서 있었음을 알 수 있다. 잡지 『어린이』를 보면 스웨덴의 엘렌 케이나 스위스의 페스탈로치처럼 어린이 권리와 교육

철학과 방법에서 시대를 앞서간 사람들 이야기를 소개하고 있다. 또 러시아, 미국, 독일을 비롯해 세계 여러 나라 어린이 생활과 교육 방법을 소개하는 글도 있다.

1923년 4월 1일에 펴낸 『어린이』 2호 '세계 소년' 난에 「불쌍하면서도 무섭게 커 가는 독일 어린이」라는 글이 실려 있다. 부제는 '매일 한 번씩 낮잠을 재우는 학교'로, 독일 어느 유치원의 하루를 소개하는 글이다. 자유롭고 재미있게 놀고 춤추고 만들기 활동을 하고 점심을 잘 먹고 한 곳에 모여서 낮잠을 잔다고 하였다. 낮잠을 잘 자고 나서 또 오후에도 잘 놀고 배우고 저녁이 가까워서야 집으로 돌아간다고 하였다. 독일 유치원 어린이들처럼 우리 어린이들도 씩씩하고 건강하게 잘 자라기 위해서는 잠자기와 운동을 충분히 하도록 해 주는 일이 중요하다고 생각했기 때문에 이런 부제를 달았다고 볼 수 있다.

그런데 독일 유치원 시설과 교육이 좋다고 소개하면서 제목을 '불쌍하면서도 무섭게 커 가는 독일 어린이'라고 붙인 까닭은 무엇일까? 글에서는 1920년 독일 유치원 어린이들이 무한히 자유로운 중에도 세밀한 점까지 모두 뜻에 맞게 배우고 알게 되는데, 이렇게 자유롭게 지내면서도 일정한 규칙과 약속은 무섭게 잘 지키도록 교육을 받으며 '길리운다'고 하였다. 이렇게 좋은 시설을 갖추고 교육을 잘하더라도 그 교육이 '길리우는' 교육이라 '불쌍하면서도 무섭게 커 가는'이라고 붙인 게 아닐까 싶다. 사람한테 '길리우는' 건 가축이다. 사람이 아니라 짐승이다. 누구든 사육당하거나 사육되면 사람이 될 수 없다. 사람은 스스로 자라야 한다. 방정환은 어른들에 의해 어린이들이 '길리우는' 것이 아니라 어린이들 스스로 배우며 자랄 수 있도록 하게 해야 한다고 생각했던 것이다.

그런 마음으로 다시 읽어 보니 시작하는 말에서 무심히 넘어갔던 "여기에 쓰는 독일 어느 유치원의 이야기를 주의해 읽어 주십시오." 라는 글귀가 새롭게 보였다. 방정환이 독일 교육의 장단점에 대한 통찰력이 깊었다는 것은 그런 교육을 받은 대다수 독일 어린이들이 젊은이가 되었을 때, 나치 정권에 어떻게 기여했는가를 보면 알 수 있다. '수면'이라고 쓰지 않고 '잠자기'라고 쓴 것도 당시 지식인들 언어 문화를 고려하면 쉽지 않은 결정일 수 있다.

'잠자기와 운동하기를 충분히 하게 해 달라'는 말은 100년 전 어른들보다 요즘의 어른들한테 100배는 더 귓구멍이 뚫어지게 강조해야 할 말이다. 여러 기관에서 조사한 결과를 보면 우리나라 18세 미만 어린이 행복도가 경제협력개발기구(OECD) 가입 국가 중에서 가장 낮다고 한다. 세계 모든 나라를 대상으로 조사해도 비슷한 결과가 나올 것이라고 생각한다. 무한 경쟁 교육 때문이다. 〈사교육걱정없는세상〉 모임에서는 우리나라 학생들에게 일주일은 '월화수목금금금'이라고 했다. 토요일과 일요일이 없다는 것이다. 어느 고등학교 교실에는 '4당 5락', 즉 하루 네 시간 자면 시험에 붙고, 다섯 시간 자면 떨어진다는 급훈이 붙어 있다고도 한다. 학생들한테는 주당 52시간 노동법도 적용이 안 되는 것이다.

한국청소년정책연구원에서 2020년 8월 3일 '청소년의 건강 및 생활습관에 관한 조사' 결과를 발표했다. 전국에서 4학년 이상 초·중·고교생 8,201명(남학생 4,261명, 여학생 3,940명)을 대상으로 조사한 그 결과를 보면 잠자는 시간이 평균 7시간 18분이라고 한다. 급별로 보면 초등학생이 8시간 41분, 중학생이 7시간 21분, 고등학생이 6시간 3분이다. 몇 시간을 자는 것이 가장 좋은지는 개인에 따라 다르지만 대부분 8시간 정도라고 생각할 것이다. 그러나 미국 수면재단에서는 초등학생은 10~11시간, 10대 청소년은 8~10시간 정도 자야 한다고 권장하고 있다.

경제협력개발기구(OECD) 국가 어린이들의 잠자는 시간은 평균 8시간 22분이라고 한다. 우리 아이들의 잠자는 시간이 평균 1시간이나 짧다. 실제로 설문의 응답에서 잠이 부족해서 힘들다는 답변이 절반을 넘었고, 잠이 부족한 까닭으로 62.9퍼센트가 '공부'라고 했다. 이어 인터넷 이용(49.8퍼센트), 학원 및 과외(43.1퍼센트), 채팅(42.7퍼센트) 순이었다.

이렇게 잠이 부족하면 어떤 문제가 있을까? 몸과 마음에 해를 끼친다는 건 상식으로 다 아는 일이고, 경험으로도 알 수 있는 일이다. 민족의학연구원 교육위원회에서 2018년부터 한 달에 한 번씩 동의보감

시민강좌를 열고 있다. 강의를 맡고 있는 서화한의원 노태진 원장은 현대 질병의 주요 원인으로 '잠빚'을 꼽았다. 모든 생명체는 자야 하는 시간 총량이 있는데 그 시간만큼 잠을 자지 못하면 빚으로 쌓인다는 것이다. 그 빚이 쌓이면 몸과 마음에 온갖 질병을 일으키기 때문에 잠빚을 지지 않는 것이 가장 중요하다고 했다. 어쩔 수 없이 잠빚을 지게 되면 나중에라도 그 빚을 갚아야 한다면서 잠의 중요성을 강조하였다.

한국청소년정책연구원 조사에서 가정 경제 수준과 잠자기와 운동 시간 간의 상관 관계도 나왔다. 가정 경제 수준을 상, 중, 하로 나눴을 때 '상'에 해당하는 청소년이 잠자는 시간은 7시간 37분, '중'은 7시간 10분, '하'는 6시간 52분으로 조사됐다고 한다. 가정 형편이 어려울수록 잠자는 시간도 부족하였다. 운동 시간도 차이를 보였다. '상'인 학생 가운데 체육 시간 빼고 주 3일 이상 운동한다는 응답자는 41.3퍼센트에 달했다. 그러나 '중'은 30.1퍼센트, '하'는 31.2퍼센트였다. 학생 33.1퍼센트는 학교 체육 시간 외에는 운동 시간이 전혀 없다고 하였다. 학교 체육 시간도 일주일 평균이 2.64시간이다. 실제 학교 수업을 보면 선생님에 따라 체육 시간에 운동을 거의 하지 않는 학급도 있다.

우리나라 18세 미만 어린이들은 잠자기와 운동이 너무 부족하다. 거기다 잠의 질과 운동의 질도 떨어진다. 잠은 시간도 중요하지만 그 질도 중요하다. 또 가정 형편에 따라 그 격차가 크다는 불평등 문제까지 안고 있다. 가정의 경제 수준이 자녀의 잠자기와 운동에 불리한 영향을 끼친다면 그건 부모의 잘못이 아니라 사회가 책임져야 할 문제라고 할 수 있다. 슬프게도 교육 개혁보다 먼저 잠자기와 운동하기부터 충분하게 할 수 있는 생활 개혁이 더 필요한 시대가 되었다.

1989년 유엔 어린이권리협약은 어린이 권리를 54조로 나눠서 자세히 설명하고 있다. 그러나 어린이가 충분히 잠잘 권리에 대한 조항은 없다. 제31조가 휴식과 여가의 권리에 대한 것인데, "어린이가 쉬고 싶어 하고 여가를 즐기고, 자기 나이에 알맞은 놀이와 오락 활동을 하여 문화생활과 예술에 자유롭게 참여할 수 있는 권리를 인정한다."고 풀어 놓았다. 물론 휴식에 잠자는 것도 들어간다고 할 수 있다. 그러나 그 개념이나 중요성을 생각하면 어린이의 놀 권리처럼 잠잘 권리도 별도의 조항으로 넣어서 밝혀 두어야 할 것 같다.

우리나라 정부나 사회단체에서 여러 차례 어린이 권리와 관련한 선언문을 발표했는데, 잠잘 권리를 따로 떼어서 강조한 사례는 아직 없다. 100년 전 선언에 미치지 못한다. 어린이들이 가정 경제 수준에 관계없이 평등하게 '잠자는 것과 운동하는 것'을 누릴 수 있는 나라를 만들어야 한다. 100년 전 선언이 100년 후 지금 100배나 더 필요한 세상이 되었으니, 그런 세상을 만든 지금 어른들이 짓고 있는 이 죄를 어찌할 것인가.

5. 걸으면 몸과 마음이 건강해져요

> ❝ 산보나 원족 가튼 것을 각금각금 식혀 주시오. ❞

산보는 휴식이나 건강을 위해서 가까운 거리를 한두 시간 천천히 걷는 것이다. 원족도 휴식이나 건강을 위한 걷기지만 훨씬 먼 길을 긴 시간 동안 걷는 것을 말한다. 국어사전을 보면 원족을 소풍이라고 풀이해 놓았다. 소풍은 보통 자연 속으로 하루 나가서 놀다가 돌아오는 활동이다. 내가 어릴 때는 주로 마을 아이들하고 강에 가서 물고기를 잡아서 먹고 노는 천렵을 많이 했다. 학교에서는 봄가을로 한두 시간 걸어가는 거리에 있는 계곡이나 절로 소풍을 다녀왔다. 그러다 서울에 있는 초등학교의 교사가 되어 보니, 버스를 타고 궁궐이나 왕릉이나 놀이공원으로 가서 먹고 놀다 오는 것이 소풍이었다. 1990년대부터는 수련 활동이 강조되면서는 학년별로 버스를 타고 학생수련원에 가서 2박 3일 조교들에게 맡겨 이런 저런 프로그램을 체험하게 했다. 이런 활동은 원족이라고 할 수 없다. 곧 멀리 걷기하고는 전혀 다른 것이다.

1920년대 방정환이 말하는 원족은 소풍하고는 조금 다른 개념이다. 소풍은 걷기보다 목적지에 가서 놀이를 하는 게 주된 목적이다. 원족은 어느 지점까지 걸어서 가고 걸어서 돌아오는 것이 주목적이다. 즉 원족은 목적지보다 걷는 과정이 중요한 활동이다. 방정환은 산보와 원족을 어린이들이 스스로 배우며 씩씩하게 자라나게 하는 중요한 활동이라고 보았기 때문에, 당시 가정의 부모와 학교 교사와 소년회 지도자들에게 이를 강조한 것이라고 생각한다.

요즘은 산보라는 말보다는 산책이라는 말을 많이 쓴다. 둘 다 휴식이나 건강을 위해서 천천히 걷기라는 뜻이다. 천천히 걸으면서 혼자 사색도 하고, 주변을 돌아보기도 하고, 몇몇이 같이 걸으면서 이야기도 나눈다. 산책으로 유명한 철학자는 독일 학교를 '어린이 노예제도'라고 혐오했던 칸트다. 그는 날마다 집 밖으로 나와 같은 길을 같은 시간에 천천히 걸으면서 사색하였다. 만일 당시 학교에서 어린이들을 학교 안에 잡아 두지 않고 가끔이라도 학교 밖으로 데리고 나와 산책을 하도록 허락했다면 조금 달리 말하지 않았을까 싶다.

이오덕 교육론에 대한 논문을 쓰기 위해 1960년대 초, 이오덕 선생이 가르쳤던 상주 청리초등학교 제자들을 만나서 기억에 남는 일을 말해 달라고 했다. 제자들은 당시 학급 활동 중에서 글쓰기 시간을 가장 기억에 남는다고 했다. 또 이 시간을 다른 학급과의 차별점으로 많이 꼽았다. 일주일에 한 번씩 정해 놓고 글쓰기를 했다고 한다. 글쓰기 시간에는 학교 운동장을 지나 바깥 들판으로 나가서 천천히 걸어 다녔다고 한다. 걸으면서 이것저것 보이는 것을 들려주거나 묻기도 했다고 한다. '플라타너스 나무 열매가 방울처럼 매달려 있구나.', '저쪽 언덕에 누워 있는 소가 어떻게 누워 있을까?', '저 나무 위에 새집이 있네? 어미 새가 새끼들한테 먹이를 주려고 하는구나.' 같은 자잘한 이야기 나누면서 걸었다고 한다. 그다음에 손바닥만 한 종이를 한 쪽씩 주면서 걸으면서 보거나 생각한 것 가운데 마음에 남은 것 한 가지를 골라서 쓰라고 하였다고 한다. 걷기를 중요한 교육 방법으로 활용했던 것이다.

한국글쓰기교육연구회 교사들 가운데에도 이러한 방법을 활용하는 이들이 많다. 일주일에 한 번 학교 뒷산 꼭대기까지 올라갔다 내려오기, 학교 교문을 나가 개울을 따라 들판을 한 바퀴 돌아오기 같은 프로그램을 만들어 같은 요일 같은 시간에 같은 길을 걸으면서 자연을 살펴보고, 이야기 나누고, 돌아와서 글쓰기를 한다. 나는 서울에 있는 학교에서 근무했기 때문에 교문 밖으로는 나가기가 어려워서 학교 안에서 담과 화단을 따라 걷도록 했다. 도시 학교라도 자세히 살펴보면 보통 100종이 넘는 갖가지 식물이 자라고 있어서 이야깃거리는 항상 넘쳤다. 그렇게 30분 정도 천천히 돌아보고, 이야기를 나눈 다음 글쓰기를 하였다. 글을 다 쓴 어린이는 운동장에서 자유롭게 놀 수 있는 시간을 주기 때문에 대부분의 어린이들이 잘 쓰든 못 쓰든 후다닥 쓰고 놀기를 좋아했다. 나는 어린이들이 노는 모습을 지켜볼 수 있어서, 글쓰기가 잘 되지 않는 아이들과 넉넉하게 이야기 나누며 지도할 수 있어서 좋았다. 만일 학교가 아파트 단지 안에 있었다면 교문을 나와 아파트 단지를 걸었을 테지만 근무했던 학교들이 모두 주택가에 있어서 그럴 수 없었다.

1994년에 공동육아협동조합 어린이집을 처음 세울 때 이러한 사례를 이야기하면서 걷기 좋은 길을 정해서 하루에 한두 시간씩 걷기 시간을 교육 과정에 넣자고 제안하였다. 지금까지 대부분의 공동육아협동조합에서 나들이를 잘 하고 있다고 한다. 같은 시간에 같은 길을 날마다 걸으면 너무 심심하지 않겠느냐는 의견도 있었다. 그러나 나는 사계절에 걸쳐서 같은 길을 같은 시간에 걸으면서 길가에 자라는 나무의 변화, 풀의 한살이, 작은 벌레들과 주변을 살펴볼 수 있는 눈

을 갖게 하고, 작은 변화를 알아채게 하는 게 더 중요하다고 설득했다. 이렇게 집에서도 부모들이 어린 자녀들과 같이 일주일에 한 번 정도는 같은 길을 같은 시간에 천천히 걸으면서 이야기를 나눈다면, 또는 자주 조용히 걷는 시간을 가진다면 휴식과 건강에도 좋고, 스스로 사색하고 성찰할 수 있는 평생교육에도 좋을 것이다.

방정환이 1929년 『학생』에 연재한 「호랑이 똥과 콩나물」이라는 글에 원족에 대한 내용이 있다. 당시보다 20년 전 이야기라고 했으니 1908년 전후 이야기라고 보면 되겠다. 당시 보성소학교에서 원족을 자주 했던 것 같다. 어느 해 늦여름에 전교생 300명이 나팔 소리에 맞춰서 4열종대로 원족을 갔다고 한다. 지금 조계사 자리에서 무악재 고개를 넘어 홍제천을 끼고 가다가 세검정을 거쳐서 창의문을 지나 효자동으로 돌아서 학교까지 걸어왔다고 한다. 꽤 먼 길이다. 그런데 장마 끝이라 홍제천에 물이 불어서 논과 길까지 덮었는데, 물이 정강이까지 올라왔다고 한다. 그런데도 교사와 학생들이 멈추거나 돌아가지 않고 옷을 입은 채로 걸었다고 한다. 그렇게 젖은 옷을 입은 채로 나팔 소리에 맞춰서 씩씩하게 서울 시내를 행진하니 장안에 화제가 되었던 것이다. 평소 원족에 익숙하지 않았다면 쉽지 않은 일이다. 보성소학교뿐 아니라 민족 교육을 목적으로 만든 사립학교들은 가끔씩 이런 원족을 했던 것으로 보인다.

2010년부터 혁신학교 가운데 교육과정에 '멀리 걷기'를 넣는 경우가 생겼다. 제주도 올레길, 지리산 둘레길, 해파랑길, 이순신길, 한강 걷는 길을 2박 3일이나 3박 4일로 걷는 학교나 학급이 늘어나고 있는 것은 반가운 일이다. 지난해 부산국제어린이영화제에 출품한 단편영화 가운데 경남에 있는 어느 작은 학교 어린이 100여 명이 3박 4일간 남해안 섬을 걷는 과정을 어린이가 찍은 것을 보았다. 학생들이 학교 다모임에서 스스로 결정하고, 스스로 계획을 세우고, 스스로 진행하는 모습이 참 좋았다. 1920년대 방정환이 주장했던 원족 정신을 되살리는 일이다.

방정환은 『천도교회월보』 1923년 3월호에 「소년의 지도에 관하여- 잡지 『어린이』 창간을 맞으며」라는 제목으로 쓴 글에서 "자유롭고 재미로운 중에 저희끼리 기운껏 활활 뛰면서 훨씬훨씬 자라 가게 해야 합니다. 이윽고는 저희끼리의 새 사회가 설 것입니다. 새 질서가 잡힐 것입니다. 결코 우리는 이것이 옳은 것이니 받으라고 무리하게 강제로 주어서는 아니될 것입니다. 저희가 요구하는 것을 주고, 저희에게서 싹 돋는 것을 북돋아 줄 뿐이고, 보호해 줄 뿐이어야 합니다. 우리가 그네들을 대하는 태도는 이리하여야 할 것입니다. 거기에 항상 새 세상의 창조가 있을 것입니다. 이러한 태도로 하지 아니한다 하면 나는 소년 운동의 진의를 의심합니다."라고 하였다.

산보와 원족을 되살리되 스스로 즐겁게 할 수 있게 해야 한다. 가장 좋은 배움의 길은 스스로 재미있게 하는 데 있다. 어른이 할 일은 오직 그런 마음이 일어나도록 여건을 만들어 주고 생각을 북돋아 주는 데 있다. 어떻게 우리 아이들이 무기력에서 벗어나 스스로 걸을 수 있게 할 것인가? 삶을 멈추지 않고 스스로 즐겁게 천천히 꾸준히 멀리 걸어가게 할 것인가? 그런 학교와 사회를 만들어 내는 건 오직 어른들이 책임져야 할 일이다.

6. 화내지 않아도 알아요

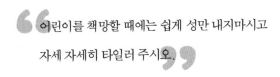

어린이를 책망할 때에는 쉽게 성만 내지마시고
자세 자세히 타일러 주시오.

책망이라는 말은 잘못했을 때 꾸짖거나 나무란다는 뜻이다. 요즘은 거의 사라진 말이지만 내가 어릴 때만 해도 어른들이 자주 쓰던 말이다. 동학 2세 교주인 최시형은 '어린이를 때리는 것은 한울님을 때리는 것'이라고 하였다. 당연히 욕설이나 폭언, 비난이나 조롱하는 말도 해서는 안 된다. 방정환은 이런 동학 정신에 따라 어린이가 잘못했다고 해서 때려서는 안 된다고 했다. 그러나 "어린 사람 자신을 위하여 나쁘다고 생각되는 행위는 결연한 태도로 그것을 금지하고 동시에 그 잘못을 알게 하라."(『방정환전집』 5권, 568쪽)고 하였다. 다만 쉽게 화만 내지 말고 아주 자세히 말해 주어야 한다는 것이다.

요즘 학교 현장에서 교사들은 가장 어려운 일이 생활 지도라고 하소연한다. 2011년 개정된 초중등교육법 시행령에서 '도구, 신체 등을 이용해 학생에게 고통을 주는 방법'에 의한 처벌, 즉 체벌이 금지되었다. 체벌에 대한 개념도 단체 기합은 물론 개별 기합이나 욕설, 폭언, 조롱, 비하하는 말까지 폭넓게 포함시켰다. 체벌 금지란 교육이라는 말에 마땅히 들어가 있는 것인데, 이게 쉽지가 않다. 사실 우리나라에서 체벌 금지는 1919년 대한민국 임시헌장 제9조에서 '모든 신체형은 폐지한다'는 조항으로 들어가 있고, 그 뜻은 현행 헌법으로 이어지고 있다. 학교 체벌 폐지도 이미 1966년 서울시 초등교장단에서 '일체의 체벌 금지'를 교원의 행동 강령으로 결의하기도 하였다. 〈색동회〉회원 출신 교장들이 서울 초등교장단을 이끌고 있을 때였다. 1979년에는 문교부 지침으로 '체벌, 폭언, 기타 단체 기합'이 금지되었다.

그러나 당시 박정희 군사독재 정부 아래에서 초중등 학생회가 강제로 해산당하고, 교련이라는 과목이 들어오면서 학교 체벌은 더 강화되었다. 군 장교 출신들이 교련 교사로 배치되었고, 그들이 대부분 학생부를 담당하면서 군대식 훈련과 체벌이 확산되었던 것이다. 학교 체벌이 실제로 금지되기 시작한 것은 1997년 김대중 대통령이 당선된 이후부터다. 그 후 체벌 금지에 대한 찬반 논란이 첨예하게 대립하다가 2011년 이명박 정부 때 겨우 초중등교육법 시행령에 체벌 금지 조항이 들어갔고, 시도 교육청 교육감으로 진보 인사들이 다수 당

1975년 6·25전쟁 25주년 여의도광장에서 열린 교련 합동사열 및 실기대회. 서울시내 148 개교에서 학생 대표 43,000여 명이 참석했다.

출처: 서울특별시 사진아카이브, http://photoarchives.seoul.go.kr/photo/view/68223, 공공누리1유형

선되면서 교육감 권한으로 체벌이 더 엄격히 금지되기 시작했다. 그 연장선상에서 '학생 인권 조례'가 만들어지기도 했다. 이제 우리 사회도 가정이나 학교에서 어린이를 때려서는 안 된다는 생각에는 상당히 공감하는 분위기가 되었다.

그러나 아직도 체벌 금지를 반대하는 쪽에서는 교권이 약해져서 학생들을 교육할 수 없게 되었다고 비판한다. 많은 교사들 또한 학부모와 학생들 항의와 고소·고발 때문에 생활지도를 할 수 없다고 호소한다. 교권 침해나 학생 인권 침해나 학교 폭력에 관한 실제 사례들을 보면 아직 우리 가정과 학교와 사회가 이런 문제를 참된 마음으로 깊이 있게 고민하고 논의를 숙성시키지 못하고 있다는 걸 알 수 있다. 사실 이 문제는 우리뿐 아니라 지구촌 인류 사회 전체가 고민하고 해결해 나가야 하는 21세기 핵심 과제 가운데 하나다.

이를 해결하기 위해서는 어린이를 대하는 부모와 교사들이 꾸준히 공부하면서 스스로 깨우쳐야만 한다고 생각한다. 그 길 가운데 하나가 방정환, 이오덕을 배우고 익혀서 실천해 보는 것이다. 방정환은 조선총독부가 강요하던 황국신민화 노예 교육에 맞서, 공교육 밖에서 어린이가 스스로 씩씩하고 지혜롭고 당당한 사람으로 자라야 한다는 교육 사상을 직접 소년회를 통해 실천하여 많은 열매를 맺었다. 이오덕은 이승만, 박정희, 전두환으로 이어져 온 독재 정부의 공교육 안에서 삶을 가꾸는 참교육을 실천하면서 학교 폭력과 교사의 학생 체벌을 반대했다. 체벌 대신 말과 글로 학생들이 자유롭게 표현할 수 있는 민주 교육의 연구와 실천에 많은 성과를 냈다. 이오덕이 스스로 연구하고 실천하며 주장한 삶을 가꾸는 참교육은 1980년대 젊은 교사와 부모들에게 많은 영향을 주었다. 시대가 다르고 학교 안과 밖이라는 공간이 다름에도 그 교육 사상과 원리는 상당히 닮았다.

어린이 교육을 이야기할 때 가장 곤혹스러운 점이 어린이가 잘못했을 때 어떻게 그 잘못을 스스로 깨우치고, 다시 그런 잘못을 하지 않도록 도와줄 수 있느냐 하는 것이다. 체벌을 찬성하는 사람들은 어린이는 아직 미성숙한 인간이고, 아직 짐승의 새끼와 같은 단계라서 체벌하지 않으면 고칠 수 없다고 말한다. 그러나 요즘 텔레비전에 자주 등장하는 반려동물 행동 교정 장면을 보아도 폭력이나 폭언은 해결책이 아니라는 걸 알 수 있다. 교육방송 「우리 아이가 달라졌어요」에서도 문제 행동은 폭력과 방임 속에서 강화되고 있으며, 해결을 위해서는 사랑과 통제가 필요함을 보여 준다. 여기서 통제란 어린이 스스로 자기 규제를 할 수 있도록 하는 것이다.

1997년 강도 살인으로 무기징역 복역 중에 탈출해서 907일 동안 도망다니며 세상을 놀라게 했던 '신창원 사건'이 있었다. 신창원은 일기에서 어려서 어머니가 돌아가셨고 아버지가 술만 먹고 들어오면 때려서 힘들었지만, 가장 큰 상처는 초등학교 5학년 때 담임의 폭언이었다고 했다. 육성회비를 내지 못했다고 화를 내면서 '×놈, ××새끼'라고 했다는 것이다. 그런 교사니 당연히 때리거나 벌도 같이 주었을 테지만 신창원 가슴에는 매질보다 폭언이 더 큰 상처가 되었던 것이다. 사람하고 말 못하는 짐승의 가장 큰 차이가 바로 폭언에 대한 마음의 상처일 것이다. 우리 조상들은 '말이 씨가 된다'고 생각했다. 그래서 '가는 말이 고와야 오는 말도 곱다', '말 한마디에 천 냥 빚도 갚는다', '곰은 쓸개로 죽고 사람은 혀로 죽는다' 같은 속담으로 거친 말을 경계했다.

방정환은 1930년 『대조』라는 잡지에 「아동 재판의 효과」라는 글을 실었다. 일반 어른들을 대상으로 하는 글이지만 특히 '소년회 지도자와 소학교 교원들에게 드리는 글'이라고 부제를 달았다(『방정환전집』 5권, 568-585쪽). 이 글에서 방정환은 어른이 어린이를 대할 때는 칭찬과 꾸짖음을 분명하게 잘 해야 한다고 강조하였다. 어른들이 어린 사람의 행동에 대해 선악을 판단할 때 어른 자신을 표준으로 판단해서는 안 된다고 하였다. 어른들이 자기 기준으로 어린이 행동을 칭찬하거나 꾸짖는 일이 가장 크게 해롭다고 하였다. 어린이 기준으로 선악을 구별해야만 공정한데, 이를 위해서는 자기감정이나 자기 이해를 완전히 떠나서 그 어린이만을 위하여 판단하는 태도를 가지는 것에 부모와 교사들이 다 같이 마음을 써야 한다고 하였다. '어린이만'이라고 강조하는 까닭은 어린이라는 일반 집단이 아니라 바로 그 행동을 한 그 어린이 '한 사람'을 위하여 판단하는 태도를 가져야 한다는 뜻이다. 오늘의 부모와 교사들이 마음에 새기고 또 새기면서 어린이를 대하는 자신을 돌아봐야 할 말이다.

　방정환은 어른들이 어린 사람의 잘못을 발견했을 때 쉽게 노해서 매질이나 처벌이나 욕설로 억누르면 당장은 효과가 있겠지만 재범까지 막을 재주는 없고, 이런 일이 쌓이고 쌓이면 어른이 되어서 자기 뜻을 제대로 살리지 못하고, 세대 사이에 불화와 다툼이 극에 다다를 수 있다고 하였다. 따라서 어디까지나 어린이들이 스스로 판단할 수 있도록 하고, 어린이 스스로 판단하기 어려운 경우에는 어른의 가치 판단을 제시하기 전에 먼저 올바른 판단에 필요한 지식을 자세히 설명해 준 다음에 스스로 판단하도록 해야 한다고 하였다. 또 미국과 러시아 소년회에서 하는 어린이 재판을 사례로 들면서 소년회나 학급에서 적극 활용할 것을 권유하였다.

　한쪽에서는 자유와 인권을 위해 체벌을 금지하고, 한쪽에서는 체벌 금지 때문에 어른들 권위가 떨어져서 잘못을 고칠 수 없다고 주장한다. 그러나 방정환은 어린이가 잘못했을 때 체벌이 아닌 방법으로 그 잘못을 스스로 깨우치도록 해야 한다고 하였다. 어린이가 잘못했을 때 쉽게 책망하거나 성만 내지 말고 자세히 살펴서 스스로 깨우칠 수 있도록 하는 일이 부모나 교사들에게는 가장 어려운 일이다. 그렇다고 포기해서는 안 될 일이기도 하다. 부모와 교사가 된 어른이라면 천천히, 그러나 멈추지 말고, 실망하지 말고, 꾸준히 힘써야 할 일이다.

7. 어린이를 위한 놀이터가 필요해요

> **"**어린이들이 서로 모히어 질겁게 놀 만한
> 놀이터와 기관 가튼 것을 지어 주시오.**"**

　어린이 해방 선언문 3항인 '어린이 그들이 고요히 배우고 즐거이 놀기에 족할 각양의 시설'에서 '즐거이 놀기에 충분한 여러 가지 시설' 가운데 하나인 놀이터를 이렇게 콕 짚어서 어른들에게 드리는 글에서 다시 한 번 강조하고 있다. 방정환이 그만큼 어린이들이 즐겁게 마음껏 뛰어놀 수 있는 사회 시설을 중요하게 여기고 있었기 때문이다.

　방정환은 놀이 체육, 독서, 토론, 동화 구연, 노래, 춤, 미술, 연극을 비롯한 예술 활동으로 어린이들의 감성과 이성을 드높일 수 있는 교육 환경을 만드는 데, 놀이는 가장 중요한 몸놀림이고 어린이의 몸과 마음에 가장 큰 기쁨을 주는 것이라고 주장했다. 놀이터와 놀이 시설

서울 어린이대공원

은 그런 터전이 되는 것이다. 그러나 100년 전 일제강점기라는 시대
환경에서 독립 투쟁이 가장 중요한 당면 과제일 때 어린이를 위한 놀
이터와 놀이 시설이 필요하다고 주장하는 방정환을 일부에서는 비웃
거나 소부르주아(petit-bourgeois)라고 비난하였다.

해방 후 서울을 비롯한 도시에서 마을 어린이 놀이터가 하나둘 생
겨나고, 1973년 5월 5일 서울 능동에 있던 골프장을 어린이대공원으
로 바꾸면서 방정환이 주장하던, 어린이들이 즐겁게 놀 수 있는 갖가
지 시설을 갖춘 놀이터가 만들어졌다. 박정희 대통령 부인 육영수가
1969년에 육영재단을 만들고, 『어린이』를 잇는다면서 월간 『어린이
어깨동무』를 발행하였고, 남산에 어린이회관을 만들고, 이후 다시 서
울어린이대공원 한쪽 땅을 떼어내서 어린이회관을 지었다. 육영수는

좋은 마음으로 어린이 관련 사업을 이끌었다고 생각하지만 실제로는 방정환과 어린이 운동가들이 추구했던 정신과는 반대로 독재 정부를 홍보하고 포장해 주는 사업으로 흘러가고 말았다.

이 시기 육영재단과 일부 색동회 회원들이 앞장서서 펼친 방정환 선양 활동을 독재 정부와 야합한 방정환 우상화 활동이라고 비판하는 까닭은 방정환의 어린이 해방 정신은 쏙 빼고 방정환 이름만 이용했기 때문이다. 심지어 초등학교 어린이들한테서 모은 성금으로 방정환 동상(처음에는 남산에 세웠다가 나중에 서울어린이대공원으로 옮김)을 만드는 데 썼다. 방정환 선생님이 초등학교 어린이들한테 성금을 받아서 동상 세우는 걸 하늘에서 보셨다면 뭐라고 하셨을까? 아마 그 돈 달라고 해서 강남 가던 제비 붙잡고 가난한 어린이, 아픈 어린이, 슬픈 어린이들한테 나눠 주라고 몽땅 내주었을 것이다. 아니면 직접 풀빵 한 짐 사서 평화시장으로 찾아가 공장에서 시달리는 어린 노동자들한테 나눠 주셨을 것이다.

또 그들은 어린이날을 어린이 문제를 점검하고 어린이들이 직접 정부와 사회 어른들에게 해결하라고 주장하는 날이 아니라 아무렇게나 먹고 놀고 버리는 소비문화의 날로 전락시켰다. 이런 행위는 방정환을 선양하는 것이 아니라 방정환 정신을 왜곡하고 욕보이는 일이다.

서울어린이대공원을 따라 지방 도시에도 어린이대공원이 만들어졌지만 방정환 정신과는 먼, 자본주의 시장 논리에 충실한 소비 중심의 유흥 놀이터가 되고 말았다. 1976년 삼성에서 용인자연농원을 만들고, 1989년 롯데에서 서울 송파구에 롯데월드를 만들면서 훨씬 대규모의 어린이 놀이 시설이 생겼다. 경기도 양주의 두리랜드, 과천의 서울랜드, 인천의 월미테마파크, 경기도 파주의 하니랜드 같은 대형 어린이 놀이 시설이 전국 여러 곳에 세워졌는데, 각각 몇 가지 차이는 있지만 어린이를 삶의 주체가 아니라 객체로 만드는 놀이 시설이라고 할 수 있다. 1955년 월트 디즈니의 정신에 따라 만든 디즈니랜드가 세계 각국으로 퍼져 나가고, 일본 도쿄와 중국 상하이, 홍콩에도 세워졌다. 우리나라에는 디즈니랜드 쪽에서 몇 차례 시도했지만 세우지 못했다. 이런 대형 놀이 시설은 모든 어린이가 평등하고 자유롭게 사용할 수 있어야 하고, 운영 방식도 월트 디즈니가 아니라 방정환의 정신을 기본으로 해서 세계에 모범을 보여야 할 때다.

우리가 흔히 생각하는 어린이 놀이터는 마을에 있는 작은 놀이터다. 이런 마을 어린이 놀이터는 대도시 아파트 건축이 늘어나면서 주택건설법에 따라 아파트 단지 안에 만들어지기 시작하였다. 전국에 아파트 단지 어린이 놀이터가 확산되던 때를 돌아보면, 세대 규모에 따라 정해진 놀이터에 차가운 쇠붙이나 플라스틱 같은 재료로 만들어 알록달록 칠한 그네, 미끄럼틀, 늑목, 정글짐, 시소 같은 시설이 설치되어 있었다. 2000년대 들어와서는 흙이나 모랫바닥까지 우레탄 같은 합성 화학 제제로 덮어 버리기 시작했다. 일반 주택가 어린이 놀이터까지도 이런 모형을 그대로 따라 만들었다.

디즈니랜드나 서울대공원 같은 대형 놀이 시설이나 아파트 단지, 일반 주택가의 놀이터에 있는 놀이 기구는 잉여놀이설에 기반하고 있다.

놀이의 기원에 대해서는 크게 두 가지로 나뉜다. 하나는 원시 시대에 생산 활동을 하고 남은 힘을 놀이로 풀면서 즐긴다는 것이다. 이것이 잉여놀이설이다. 또 다른 하나는 생산이나 생존 기술을 위해 놀이를 창조하면서 즐긴다는 것이다. 이것을 창조놀이설이라고 한다. 방정환은 어린이가 함께 놀고, 서로 배우며, 기쁨으로 아름다운 삶을 창조하면서 스스로 자란다고 하였다. 따라서 놀이에 대한 생각도 어린이들이 스스로 함께 놀면서 기쁨을 즐기는 창조놀이설이 바탕이라고 할 수 있다.

자본주의 시장 논리와 결합한 잉여놀이설에 기반한 어린이 놀이터나 어른 놀이터는 창의성보다는 틀에 맞춘 기술을 되풀이해서 즐기면서 이를 소비하는 욕구를 강화하는 자극을 높이는 데 맞추어져 있다. 이런 시설은 주어진 틀에 따라 자신을 맞춰 가며 즐기면 된다. 다른 사람과 협력하기보다는 경쟁을 즐기게 한다. 그래야 더 자주 더 많이 이용하고, 수익을 높일 수 있기 때문이다. 대부분의 대형 어린이놀이공원이나 요즘 도시에서 확산되고 있는 실내 어린이 놀이터가 이런 모습이다. 수익을 필요로 하지 않는 아파트 단지나 주택가, 심지어 농어촌 어린이 놀이터까지 이런 관점의 놀이터로 만들게 된 것은 공무원들의 무지와 놀이 기구를 만들어 파는 사업자들 때문이다.

2010년대 들어서면서 이렇듯 잉여놀이설에 기반을 두고 있는 차갑고 유해한 놀이터와 놀이 기구에 대한 비판이 일어나기 시작하였다. 어린이들이 샘솟는 생명의 힘을 스스로 즐기고 창조하고, 혼자가 아니라 함께 놀 수 있는 놀이터와 놀이 시설에 대한 다양한 생각들이 반영되기 시작하였다. 2015년 전국시도교육감협의회에서 어린이과 함께 만든 〈어린이 놀 권리 선언〉의 영향으로 더 많은 지역에서 어린이 놀이터와 놀이 기구에 대한 새로운 도전을 하기 시작하였다. 순천 제1호 기적의 놀이터는 놀이운동가 편해문이 어린이들과 함께 구상하고 참여해서 만든 놀이터로, 자연을 최대한 활용하면서 어린이들이 스스로 놀이를 만들며 놀 수 있는 놀이터라는 좋은 평을 받았다. 서울 도봉구에서 만든 '뚝딱뚝딱놀이터'와 '별별모험놀이터'는 서울형 혁신교육지구 사업의 민관 협치로 만들어 낸 놀이터다. 서울어린이대공원에는 음악 놀이터와 무장애 통합 놀이터가 만들어졌고, 강원도 홍천에는 예술 놀이터가 만들어졌다고 한다. 서울 선유도에는 버려진 수도배관을 재활용해서 생태 놀이터를 만들었는데, 선유도 전체가 신비한 생태 놀이터로 만들기에 알맞은 곳이다. 세이브더칠드런에서는 지역 자치구와 협력해서 '초록숲놀이터'를 늘려 나가고 있다. 문화체육부에서는 2030년까지 문화 놀이터 100개를 만들겠다고 하는데, 어떻게 만들 것인지 지켜볼 일이다.

이렇듯 전국에서 새롭게 시도하는 놀이터들이 실패하는 것도 있고 성공하는 것도 있겠지만, 내가 살펴본 바로는 아쉽게도 실패하는 경우가 더 많다. 그 까닭은 놀이터 기획자나 사업자들이 선진 외국 사례만 참조하고, 지자체장 지시를 받은 공무원들은 성과에만 급급한 경우가 많기 때문이다. 그러다 보니 겉만 그럴듯하지 속을 채우지 못하고, 추진한 기관장이나 지자체장이 바뀌면 버려진다. 놀이터 기획자와 사업자와 담당 공무원들이 방정환의 어린이 운동과 놀이에 대한 정신을 공부해서 어린이를 놀이터의 참된 주인으로 세우고, 민관 협치로 우리 역사와 문화와 지역사회 여건에 맞는 놀이터를 만들어야 이러한 새로운 놀이터 만들기 도전이 성공할 수 있다.

8. 어린이는 새 세상으로 뻗어가는 나뭇가지예요

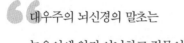

대우주의 뇌신경의 말초는

늙은이에 있지 아니하고 절믄이에게도 잇지 아니하고

오즉 어린이 그들에게만 잇는 것을 늘 생각하야 주시오.

'말초'는 요즘 일상생활에서는 거의 쓰지 않는 한자말이지만 의학에서는 말초신경, 말초신경계, 말초동맥경화증 같은 말로 쓰고 있다. 말초(末梢)의 한자를 살펴보면 '끝 말(末)', '나뭇가지 끝 초(梢)'다. 곧 나뭇가지 끝에서도 또다시 갈라져 나가면서 자란 가느다란 가지 끄트머리를 가리키는 말이다. 비슷한 우리말로 우듬지가 있다. 우듬지는 나무 맨 꼭대기로 뻗어 있는 줄기를 말한다. 말초는 우듬지뿐 아니라 옆으로 뻗어 나간 나뭇가지의 끄트머리 가지를 모두 말한다.

동학을 세운 최제우는 '시천주'가 세상을 새롭게 바꾸는 길이라고

출처: 문화재청, https://www.kogl.or.kr/recommend/recommendDivView.do?atcUrl=keyword&recommendI
dx=1859, 공공누리1유형

하였다. 시천주는 '마음에 있는 하느님을 잘 모셔야 한다'는 뜻이다. 모든 사람은 마음속에 하느님을 모시고 있다고 했으며, 하느님을 모신다는 것은 그 사람의 마음이 하느님 마음과 서로 통해서 그 사람의 기운과 하느님의 기운이 하나가 되는 것이라고 하였다. 최제우를 이은 2대 교주 최시형은 '대우주 대생명'이라고 하였다. 한없이 큰 우주의 한없이 큰 생명이라는 뜻이다. 곧 우주는 살아 있는 생명으로서 공경해야 한다는 것이다. 그 구체적인 방법이 경천, 경인, 경물이다. 하늘을 공경하고, 사람을 공경하고, 사물을 공경해야 한다고 하였다. 요즘처럼 하늘 무서운 줄 모르고, 사람 귀한 줄 모르고, 물건 아까운 모르고 함부로 허투루 대하고 쓰는 세상에서 다시 되새겨야 할 말이다. 최시형을 이은 3대 교주 손병희는 동학을 천도교로 바꾸면서 인내천을 강조했다. 인내천은 '사람이 곧 하늘이다'라는 뜻이다. 모든 사람 마음속에는 하느님이 들어 있으니 사람들은 서로가 서로를 하늘처럼 모셔야 한다는 것이다.

당시 천도교 이론가들 중에서 으뜸으로 꼽히던 이돈화는 이러한 동학과 동학을 이은 천도교 사상을 서양 과학인 진화론과 연결해서 우주진화론을 이야기하였다. 우주진화론이란 우주가 큰 생명체이고, 그 생명체가 진화하고 있으며, 그 진화의 가장 마지막 열매가 사람이라는 것이다. 사람은 우주라는 생명체가 피운 가장 아름다운 꽃이고, 그 꽃이 맺은 가장 좋은 열매라는 생각이다. 꽃이나 열매는 가지 끝에 열린다. 어린이날 선언문을 쓴 김기전과 방정환은 천도교 교인이었고 이돈화도 중요한 천도교 이론가였다. 따라서 이러한 우주관을 바탕으로 대우주 뇌신경과 연결되어 있는 가지 끄트머리가 바로 어린이라고 하였을 것이다. 곧 어린이는 우주의 꽃이요 우주의 열매라는 걸 늘 생각하자는 선언이다. 이런 생각을 갖고 있다면 우주의 꽃이고 열매인 어린이를 어른들 누구도 함부로 꺾거나 짓밟지 않을 것이기 때문이다.

다시 생각해 보면 나무에서 나뭇가지 끝은 끝이 아니라 새로운 세상을 향해 뻗어가는 맨 앞자리다. 어떤 나뭇가지도 어두운 땅속으로 향하지 않는다. 어두운 겨울밤 달빛이나 별빛 속에서 커다란 나무를 보면 마치 온 세상을 향해서 뻗어 나가는 꽃처럼 피어 있다. 곧 우주라는 새로운 세상을 향해 뻗어 나가는 맨 앞자리 나뭇가지에 어린이가 있는 것이다. 앞에서 이야기한 '어린이는 어른보다 더 새로운 사람입니다', '어른이 뿌리라면 어린이는 싹입니다', '뿌리가 싹을 위해야 그 나무는 뻗쳐 나갈 것입니다' 같은 주장을 펼치는 속생각에는 이렇듯 어린이가 우주의 뇌신경과 닿아 있는 끝이며, 곧 이 세상에서 새로운 세상을 여는 시작이 된다는 생각이 담겨 있는 것이다.

우리 겨레는 옛날부터 나무를 하늘과 연결되어 있는, 더 나아가 우주와 연결되어 있는 생명체로 믿어 왔다. 우리 겨레가 사는 마을마다 들머리에 마을을 지키는 수호신으로 나무를 심어서 기르고 지켜 왔다. 그래서 옛날에는 마을마다 수령이 수백 년 되는 커다란 나무가 몇 그루씩 있었다. 이런 나무를 당산나무라고 했는데, 신단수이자 우주목이라고 생각하였다. 당산나무 아래에서 마을 사람들이 해마다 제사를 지내고, 집안에 어려운 일이 생기거나 식구 중에서 누군가 먼 곳에 나가 있으면 무사하게 돌아올 수 있도록 돌봐 달라고 빌었다. 무더운 여름에는 당산나무 그늘에서 마을 사람들이 쉬면서 이야기를 나누었다. 동네 아이들한테는 사시사철 좋은 놀이터가 되었다.

인류는 하늘을 보면서, 하늘에 떠 있는 해와 달과 수많은 크고 작은 별들을 보면서, 그 해와 달과 별이 움직이는 모습을 보면서 우주를 상상하였다. 그리고 우주와 인간의 관계를 나름대로 상상해 왔다. 그런 상상으로 민족마다 무수한 이야기를 만들어 냈고, 민족마다 각각의 문화와 문명을 만들어 왔다. 현대 과학이 발달하면서 해와 달과 별을 연구하는 천문학자들이 옛날 신화 대신 새로운 신화를 만들어 냈다. 137억 년 전에 가늠할 수 없이 작은 점에 갇혀 있던, 상상할 수 없이 높은 에너지의 물질이 폭발해서 오늘의 우주로 진화했다는 이야기다. 우주에서 생명을 빼앗아 버린 것이다.

최근 우주를 눈으로 보는 것만 아니라 귀로 듣는 것으로 이해하려고 도전하는 천체물리학자들도 있다. 이런 생각에 공감하는 예술가들이 협력하고 있다. 이런 협력으로 달, 태양계 행성, 별이 일정한 궤도를 따라 움직이는 우주의 리듬과 화음을 음향으로 바꿔서 듣는 것이다. 지구로부터 39광년 떨어진 트라피스트-1 행성계를 이루고 있는 일곱 행성이 조화롭게 돌아가는 궤도 운동을 음악으로 바꿔서 보여 주기도 한다. 이처럼 우주를 눈으로만 보려는 데서 벗어나 이제는 소리로 들으려고 하고, 맛으로 느끼려 하고, 냄새로 맡으려 하고, 촉감으로 만나려고 도전하고 있다. 오감으로 우주를 이해하려는 도전은 또 다른 이야기를 태어나게 할 것이다.

　나는 과학자와 예술가들이 협력하여 우주를 오감으로 느끼려는 도전을 보면서, 어린이는 우주의 뇌신경의 말초임을 늘 생각하여 달라고 외치던 100년 전 어린이 해방운동가들을 다시 생각하게 되었다. 그들은 대우주를 살아 있는 커다란 생명체로 상상하고, 그 우주를 오감으로 느끼고 있었구나. 그 생명체의 핵심인 뇌신경이 세상을 향해 뻗어가는 맨 앞에 어린이가 피어 있는 그림을 상상했던 거구나. 마치 어둡고 어두운 머나먼 어딘가, 우주가 시작된 중심지에서부터 끝없는 파도처럼 물결쳐 오는 음악, 우주가 부르는 노래에 실려 와 나비처럼 지구에 내려앉는 우주의 꽃인 어린이들을 보았던 거구나. 방정환이 쓴 '어린이 찬미'에 어린이와 우주에 대한 그런 생각이 오롯이 담겨 있었다는 것을 깨닫게 되었다.

　　어린이가 잠을 잔다. 고요하다는 고요한 것은 모두 모아서 그중 고요한 것만을 골라 가진 것이 어린이의 자는 얼굴이다. 평화라는 평화 중에 그중 훌륭한 평화만을 골라 가진 것이 어린이의 자는 얼굴이다. 이 세상의 고요하다는 고요한 것은 모두 이 얼굴에서 우러나오는 것 같고, 이 세상의 평화라는 평화는 모두 이 얼굴에서 우러나는 듯싶게 어린이의 잠자는 얼굴은 고요하고 평화롭다. 편안히 잠자는 이 좋은 얼굴을 들여다보라. 우리가 종래에 생각해 오던 한울님 얼굴을 여기서 발견하게 된다. 부처보다도 예수보다도 한울 뜻 그대로 산 한울님이 아니고 무엇이랴.'(『방정환 말꽃 모음』 39쪽~40쪽 간추림)

부처도 어린이를 닮으라고 하였고, 예수도 어린이와 같지 않으면 결단코 천국에 들어갈 수 없다고 하였다. 방정환은 그런 부처와 예수보다도 어린이가 더 하느님 뜻대로 산 하느님이라고 하였다. 이런 생각으로 보면 어린이는 인간의 본 모습이고, 인류의 원형이다. 어두운 우주에 떠 있는 '푸른 물방울'에 그런 어린이들이 태어나 우주의 꿈을 이어 가고 있다. 그러고 보니 우주 어딘가에 있다는 우주의 뇌는 다름 아닌 우주에 떠 있는 푸른 물방울, 지구별이 아닐까 싶다. 어린이는 그 지구라는 대우주의 뇌신경이 어둡고 먼 우주 끝을 향해 뻗어 나가기 위해 진화시키고 있는 인류라는 줄기의 가느다란 가지, 맨 앞가지에 피워 낸 우주 꽃인가 보다.

어린이

제3부 어린이 강령

방정환은 100년 전 어린이들에게 왜 돋는 해와 지는 해를 반드시 보기로 하자고 권유했을까? 당시 민중들의 하루 생활 흐름이 새벽 동이 트면 일어나 일하러 나가고, 어스름 해가 지면 집으로 돌아오기 때문이었을까? 그 생활 흐름에 맞게 어린이들도 해 뜨기 전에 일어나기를 바랐다고 생각할 수도 있겠다. 그러나 더 큰 까닭은 어린이들이 우주와 자연의 흐름을 몸으로 직접 느끼고 깨우치기를 바랐기 때문이었을 것 같다.

1. 자주 하늘을 보아요

❝돋는 해와 지는 해를 반드시 보기로 합시다.❞

방정환은 100년 전 어린이들에게 왜 돋는 해와 지는 해를 반드시 보기로 하자고 권유했을까? 당시 민중들의 하루 생활 흐름이 새벽 동이 트면 일어나 일하러 나가고, 어스름 해가 지면 집으로 돌아오기 때문이었을까? 그 생활 흐름에 맞게 어린이들도 해 뜨기 전에 일어나기를 바랐다고 생각할 수도 있겠다. 그러나 더 큰 까닭은 어린이들이 우주와 자연의 흐름을 몸으로 직접 느끼고 깨우치기를 바랐기 때문이었을 것 같다. 어른들에게 드리는 글 여덟 번째 항목에서 방정환은 "대우주 뇌신경의 말초는 늙은이에 있지 아니하고 젊은이에게도 있지 아니하고 오직 어린이 그들에게만 있는 것을 늘 생각하여 주시오."라고 하였다. 방정환은 어린이를 대우주의 말초신경이라고 보았

던 것이다. 그 말초신경인 어린이가 대우주와 날마다 교감하는 방법의 하나로 뜨는 해와 지는 해를 보자는 것이다.

날마다 돋는 해와 지는 해는 얼핏 생각하면 날마다 같은 모습이라 지루할 것 같지만 가만히 서서 고요히 바라보면 날마다 새롭다. 아침에 돋는 해를 보면서 날마다 새롭게 태어나는 신비한 힘을 느끼게 하고, 산 너머로 사라지는 해를 보면서 시시각각 바뀌는 노을의 노래와 스미듯 다가오며 짙어지는 어스름에 몸을 담그고 우주와 자연의 경이로운 변화를 느끼게 하고 싶었을 것이다. 또한 어린이들이 자연의 품에서 자라기를 바라는 마음이었을 것이다.

어린 사람은 항상 크고 뻗어 나고 자라 가는 것인 까닭에 공부보다도 지식보다도 잘 자라 간다 하는 조건이 가장 중요한 것인데, 잘 자라기 위해서는 자연과 많이 친해야 한다는 것이 가장 귀중한 것입니다. 맨 발을 벗겨 길러라, 흙과 친하게 하라 하는 말은 모두 자연과 친하게 하라, 자연의 품에 안겨 자연과 같이 자라게 하라는 것입니다. 『당성』 1931년 7월호

자연과 우주를 보고 느끼는 경험은 어린이들 스스로 배우며 움쭉움쭉 자라나는 기회가 될 수 있다. '돋는다'는 것은 겨울을 맞아 죽은 것처럼 지내던 풀이나 나뭇잎이 봄을 맞아 다시 조금조금 움트면서 새로이 태어나고 자라나는 것이다. 곧 어린이는 새싹처럼 돋아나는 것이고, 그런 어린이들이 돋아나는 해를 날마다 보고 가슴에 품으며 자라기를 바랐던 것이다. 방정환이 이 한 줄을 쓰기 위해 얼마나 고심해서 가장 알맞은 낱말을 선택했는지 알 수 있다.

이런 생각을 어린이들에게 널리 알리고 어린이들이 스스로 실천하도록 하는 데 가장 큰 힘이 되었던 모임이 소년회다. '어린 동무들에게'에서 어린 동무들은 바로 소년회 회원들을 가리키는 것이라고 할 수 있다. 소년회는 10세 전후에서 17세까지의 어린이들이 직접 조직하고 운영하는 모임이었다. 체조, 동화 구연, 동요 쓰기, 동요 부르기, 토론하기, 달빛 아래에서 춤추고 노래하고 이야기 나누기를 비롯한 갖가지 활동을 하였다. 여름방학에는 숲속 야영, 등산, 수영, 운동 경기는 물론이고, 여름 장마에 어질러진 냇물에 징검다리 새로 놓기 같은 봉사 활동도 하였다. 이런 소년회 활동을 엿볼 수 있는 동화로 방정환이

쓴 「칠칠단의 비밀」, 이원수가 쓴 「숲속 나라」와 「5월의 노래」가 있다.

소년회 회원들이 지는 해를 보면서 불렀을 것 같은 노래가 있다. '태양을 사모하는 아이들'이다. '태양을 사모하는 아이들아 / 별을 사랑하는 아이들아 / 이제는 날이 저물었으니 / 우리 모두 손을 잡고 노래하자'라는 노래이다. 작사한 사람이나 작곡한 사람은 정확하게 알 수 없지만 언제부터인가 민요처럼 불렸던 동요다. 마지막 행은 '우리 모두 손을 잡고 노래하자', '우리 모두 두 손 모아 기도하자', '우리 모두 손을 잡고 집으로 가자'처럼 조금씩 다르게 불렸다. 기독교소년회에서 '기도하자'로 바꾼 것인지, 다른 소년회에서 '집으로 가자'로 바꿔 부른 것인지는 알 수 없다. 윤동주가 1941년에 쓴 〈눈 감고 간다〉라는 시가 '태양을 사모하는 아이들아 / 별을 사랑하는 아이들아'로 시작한다. 윤동주도 명동기독교소년회 창립 회원으로 참여해서 활동했으니 무언가 연관이 있을 것 같다.

방정환이 권유했던 '돋는 해를 보고 지는 해를 보자'는 글을 읽을 때마다 어린 시절이 생각난다. 초등학교 5, 6학년 때인 1960년대이다. 그때 소년회는 아니지만 학교에서 마을 단위로 만든 '애향단'이 있었다. 1학년부터 6학년까지 아이들끼리 활동하는 동아리로, 6학년이 단장을 맡았다. 그 마을에 6학년이 없으면 5학년이나 4학년이 맡았다. 단장은 그동안 애향단에서 이어져 온 여러 활동을 따라 했다. 그 가운데 하나가 새벽에 일어나서 작은 동산에 올라가 돋는 해를 보면서 체조하고 노래 부르기였다. '새 나라의 어린이'나 '앞으로' 같은 동요를 주로 불렀는데, 전쟁 중에 유행한 '전우가'나 '빨간 마후라'를 부르기도 했다. 동산에서 내려와 냇물에서 세수하고 집에 가 아침을 먹고 학교에 갔다. 일요일에는 마을 청소하기, 마을 꽃길 가꾸기, 개울가에 포플러 심기, 빈터에 옥수수 심어서 기르기 같은 활동을 했다. 달밤에는 운동장에 모여서 숨바꼭질 놀이를 많이 했고, 놀다가 배고프면 서리해서 먹기도 했다.

새벽에 일어나 놀다가 새 아침 돋는 해를 보았던 기억이나 학교 운동장에서 달밤에 뛰어놀던 어린 시절의 기억이 너무 좋았다. 그래서 교사 초임 시절에는 우리 반 어린이들한테 일요일 새벽에 학교 운동장으로 나오라고 해서 같이 돋는 해를 보면서 체조하고 노래 부르며 놀았다. 1977년 초임부터 2008년 교감이 되기 전까지는 가는 학교마다 유년대(보이스카웃)나 아람단(한국청소년연맹) 같은 청소년 단체를 도맡아 지도하였는데, 어린이들과 하고 싶은 과외 활동이나 야외 활동을 어느 정도 내 마음대로 할 수 있어서였다. 그래서 야영을 가면 꼭 하는 것이 해 뜨기 전에 일어나 새 아침 돋는 해를 보면서 체조하고 노래 부르기, 해 지는 모습 보기, 모닥불 놀이, 별 보기, 야간 숲길 걷기 같은 활동이었다. 학교에서 숙직할 때는 학급 어린이들 중에서 밤에 올 수 있는 어린이들은 학교에 오라고 해서 운동장에서 놀기도 하고, 옥상에 올라가 별 보기를 하기도 했다. 힘껏 논 다음에 숨고르기도 할 겸 5분에서 10분 정도 땅바닥에 누워서 고요히 하늘 보기를 하고, 그 느낌 말하기나 글쓰기를 하기도 했다.

이렇게 일요일 새벽이나 밤에 놀러오라고 하면 1980년대는 학급 어린이들 반 이상이 왔는데, 1990년대에는 반의반 정도가 왔다. 학원 가는 어린이들이 많아졌기 때문이다. 2000년대에는 학원 때문에 이런 비공식 학급 활동에 채 10명도 참여하지 않았다. 그래서 아예 공식 학급 운영 과정으로 결재를 받아서 봄가을에 한 번씩 교실에서 하룻밤 자기를 했는데, 그래도 빠지는 경우가 있었다. 학부모들이 학원이나 방문 과외를 뺄 수 없어서 안 보낸다고 했다.

아들이 고등학교 2학년 1학기를 보내며 너무 힘들어 해서 여름 방학 때 둘이 고향인 강원도로 배낭여행을 갔다. 함께 오대산에서 지는 해를 보고, 강릉 경포대 모래밭 텐트에서 돋는 해를 보았던 추억이 지금껏 오래오래 남는다. 며칠 배낭여행을 하면서 주고받은 말은 거의 다 잊었는데, 강릉 경포대에서 밝고 맑게 이글거리면서 솟아오르던 아침 해를 둘이 엎드려서 가만히 보았던 기억은 또렷하고, 생각할 때마다 힘이 나게 한다. 어찌 되었든 여름 방학에 배낭여행을 하고 돌아온 아들은 힘든 학교생활을 잘 이겨냈다. 학교가 바뀌지는 않았을 테니 아들이 대응하는 힘이 바뀌었을 거라고 보는데, 아들 스스로 그 힘을 키우는 데 오대산에서 보낸 저녁과 경포대에서 만났던 아침 해가 작은 밥이라도 되지 않았겠는가 싶다.

이렇게 자연과 우주를 관찰하고 느끼게 하는 학급 활동 사례를 한 국글쓰기교육연구회 연수 때 발표했더니 관심 있는 교사들이 동참하기도 했다. 글쓰기회 교사들 가운데 경기도 이영근은 일요일 아침에 어린이들하고 학교 뒷산에 올라가 돋는 해 보기를 하고, 경남 이정호는 요즘도 밤에 별 보기를 한다고 한다. 돌아보니 100년 전 어린이 선언으로 권유했던 '돋는 해와 지는 해를 보자'는 '하늘 보기, 해 보기'가 우리 교육 현장에서 알게 모르게 조금이라도 이어져 오고 있다는 생각이 들었다.

100년이 지난 지금, 우리 사회와 교육에서 가장 큰 문제가 아이들을 자연과 함께 자라도록 하지 못하고 있다는 것이다. 아침에 일어나 하늘 볼 새도 없이 밤늦게까지 학교와 학원을 뱅뱅 돌면서 지식 공부나 억지스런 예체능 훈련에 묻혀 살게 하고 있기 때문이다. 이제는 다시 아이들과 산이나 들이나 바다로 가서 새벽 일찍 일어나 돋는 해도 보고, 아이들과 손잡고 지는 해도 보고, 달빛 속에서 노래도 불러 보고, 밤하늘의 별을 보면서 소곤소곤 이야기도 나눠 보기를…. 1년에 단 몇 번이라도 아이들과 하늘 보기를 하는 사람들이, 이번 여름방학 때부터 실천해 보는 독자가 한 명이라도 생겼다는 소식을 들을 수 있다면 좋겠다.

2. 서로 존중, 말에서 시작돼요

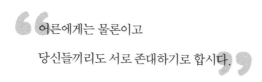

어른에게는 물론이고
당신들끼리도 서로 존대하기로 합시다.

100년 전 방정환은 어른들에게 "어린 사람에게 경어를 쓰시되 늘 부드럽게 하여 주십시오."라고 부탁하였다. 그리고 스스로도 어린이들에게 높임말을 쓰기 위해 노력하였다. 또 다른 어린이 운동가, 당시 소년 운동 지도자들에게도 어린이들에게 높임말을 쓰면서 동시에 부드럽게 말해야 한다고 강조하였다. 나아가 어린이들에게도 '당신들끼리도 서로 높임말을 쓰자'고 하였다. 어른들보고 어린이한테 높임말을 쓰자고 했고, 동시에 어린이들도 어른들에게 높임말을 쓰는 건 물론이고 어린이들끼리도 서로 높임말을 쓰자고 권장했던 것이다.

이렇게 어른과 어른, 어린이와 어린이, 어른과 어린이, 어린이와 어른이라는 모든 관계에서 높임말을 쓰자고 하였다. 이는 말이 곧 서로가 서로를 존중하는 첫걸음이 되기 때문이다. 동학에서는 모든 사람이 한울님이고, 따라서 모든 사람이 평등하다고 했다. 1894년 동학혁명이 일어나기까지는 양반, 평민, 천민, 노비라는 신분에 따라 인격의 등급이 구분되었다. 또 남자와 여자가 차별되었고, 어른과 어린이라는 세대 또한 장유유서(長幼有序)라는 유교 윤리에 철저하게 지배되었다. 이런 시기에 동학은 양반과 평민과 천민과 노비는 물론 남녀노소 모두가 평등하다고 선언했던 것이다. 따라서 동학에 들어오면 서로가 서로에게 똑같이 절을 하고, 높임말을 썼다.

100년 전 어린이 해방운동은 이러한 동학사상에 뿌리를 두고 있기 때문에 어른과 어린이가 모두 같은 하늘이고, 어린이와 어린이도 각각 하늘이기 때문에 서로가 서로에게 높임말을 써야 한다고 한 것이다. 이는 곧 서로가 서로에게 쓰는 말이 평등해야 평등한 사회를 만들 수 있고, 그런 평등한 사회가 되어야 어린이가 자기 마음과 생각을 자유롭고 힘차게 뻗어가며 자랄 수 있다고 보았기 때문이다.

나는 1977년에 초등학교 교사로 처음 발령을 받았다. 서울 문창초등학교였다. 4학년을 담임하게 되었는데, 우리 반 인원이 80여 명이었다. 지금 생각하면 그 많은 아이들이 어떻게 한 교실에 다 들어와 앉아 있었는지 신기하다. 교실 앞뒤와 책상 가운데로 겨우 한 사람이 지나다닐 수 있을 정도 사이를 두고, 책상은 좌우 양쪽으로 세 개씩 놓았고, 한 책상에 두 명씩 앉았다. 곧 한 줄에 12명씩 7줄을 놓은 것이다. 뒷줄에 앉는 아이들은 서로 몸이 닿아 다툼이 많았다. 또 지금 쓰는 책상보다 작아서 작은 책상을 같이 쓰다 보니 가운데 금을 그어 놓고 팔꿈치나 지우개 하나라도 넘어오면 다툼이 벌어졌다. 아이들은 이 금을 38선이라고 했다. 날마다 다툼이 없는 날이 없고, 그 다툼은 대부분 욕으로 시작되어 주먹다짐으로 끝났다. 결국 나는 4월 중순에 교실에서 싸우던 두 명을 끌어내서 매질을 하고 말았다.

춘천교육대학 때 중등과정 야간학교 자원봉사를 했던 동무들하고 '살으리랏다'라는 모임을 하고 있었다. 한 달에 한 번 모여서 교육에 대한 이야기를 나누는 모임인데, 그 모임에서 우리는 체벌에 대해 많은 토론을 한 결과 교사로 나가면 때리지 않기를 다짐했었다. 그런데 나는 불과 한 달 반 만에 둘이 의자를 휘두르며 싸우는 걸 보고 참지 못해 몽둥이로 허벅지를 때렸고, 장벽이 한번 허물어지자 점점 자주 때리게 되었다. 이런 내 자신에 대한 회의와 무력감에 나는 초등학교 교사로서 자질이 없다는 생각이 들었고, 사표를 내려고 했다. 그때 『이 아이들을 어찌할 것인가』(이오덕, 청년사, 1977)라는 책을 읽었고, 책을 쓴 이오덕 선생님을 만나서 그동안 교사로 살면서 겪은 고통과 갈등, 그래도 왜 교사의 길을 가야 하는지를 다시 한 번 생각하게 되었다. 그래서 나는 다시 결심하게 되었다. 사람으로 태어나 살게 된, 오직 한 번 주어진 한평생을 초등학교 교사로 살기로 했던 선택을 계속 지키기로 마음먹었다.

이오덕 선생님과 만남에서 겪은 첫 번째 충격은 나를 존중해 주시는 선생님의 태도였다. 여름방학 때 대구에서 선생님이 주관하시는 교사 연수가 있으니 오라고 해서 갔다. 선생님은 처음 만났을 때부터 나한테 자연스럽게 높임말을 썼다. 댁에 가서 이틀을 잤는데, 절을 하려고 하자 극구 말렸다. 그 시절만 해도 학교 발령을 받으면 교장 선생님 댁으로 선물을 사 들고 찾아가서 절을 할 때였다. 그런데 절을 하려고 하니 너무 황망해 하시면서 만류하셨다. 그래도 넙죽 절을 했더니 급히 맞절을 하셨다. 어른들 중에 절을 하면 반절로 받는 분은 계셔도 맞절을 하는 분은 못 봤는데, 이오덕 선생님은 맞절을 하셨다. 나로서는 상당한 충격이었다. 나중에 이오덕 교육학으로 석사 논문, 이오덕 어린이문학으로 박사 논문을 쓰면서 이오덕 선생님의 가계도를 만들었는데, 선친이 동학교도였다는 걸 알게 되었다.

이오덕 선생님을 만나고 나서부터 교실에서 어린이들을 가르칠 때 높임말을 쓰기 시작했다. 해마다 첫날 어린이들한테 말했다. "내 생각에는 수업 시간은 공적인 시간이니까 교사와 학생, 학생과 학생이 서로 존중해야 하고, 공부가 소중하고 존중해야 하는 가치가 있는 일이기 때문에 서로가 서로에게 높임말을 쓰는 게 좋겠습니다. 쉬는 시간에까지 높임말을 쓰면 너무 딱딱하고 거리감을 느낄 수 있으니까 서로가 서로에게 말을 놓는 게 좋겠다고 생각합니다." 그랬더니 한번은 까불이가 "그러면 쉬는 시간에는 우리도 선생님한테 반말해도 되겠네요?" 해서 한참 생각하다가 그렇게 하라고 했다.

높임말을 쓰면서 내 마음과 행동에 중요한 변화가 일어났다. 거친 말이 줄어들고 부드러운 말을 많이 하게 되었고, '사랑의 매(?)'가 줄었다. 그로부터 10년쯤 되던 1980년대 말에는 거의 매를 들지 않았다. 해마다 2월 학년말에 아이들한테 담임 평가를 쓰도록 했다. 그 평가 항목 가운데 하나가 내가 다음에 맡는 학급에서 계속 지켜 주면 좋을 행동과 버려야 할 나쁜 행동을 쓰는 거였다. 계속 지켜 주면 좋을 것에서 으뜸을 차지하는 게 "수업 시간에 높임말을 하시니까 제가 존중받는 것 같아서 기분 좋았어요. 다른 아이들한테도 계속 높임말을 써 주세요."라는 의견이었다. 수업 시간에나마 철저하게 높임말을 쓰면서 우리 반 분위기가 상당히 좋아졌다.

1992년부터 공동육아연구원에서 공동육아 어린이집에 대한 논의를 하고, 1994년 신촌에 공동육아협동조합 '우리어린이집'을 처음 만들었다. 이때 교육 방침을 논의하면서 나는 '서로가 서로에게 높임말 쓰기, 하루하루 어린이집에서 있던 일을 교사가 일기로 쓰기, 공동육아 터전 주변에 걷는 길을 정해 놓고 날마다 같은 길을 걸으면서 자연을 비롯한 주변을 살펴보기, 10퍼센트는 몸이나 마음이 불편한 아이를 받아 통합교육을 하기'를 주로 제안하였다. 대부분 동의해서 교사가 어린이들을 날마다 살펴보고 기록하는 '날적이', 날마다 같은 길을 걸으면서 살펴보는 '나들이'로 정착했다. 그런데 높임말 쓰기는 오랜 논쟁 끝에 '낮춤말'로 정해졌다.

그 까닭은 높임말이 어린이집에 오는 영유아들 언어 발달 단계에 맞지 않아서 자유롭고 쉬운 말하기를 억압할 수 있다는 의견이 많았기 때문이다. 나는 방정환 이야기를 하면서 높임말 쓰기를 주장했다. 공동육아협동조합을 주도하던 정병호와 이기범도 1970년대 대학생으로 '소파 정신 구현회'라는 대학생 모임을 만들어서 빈민 지역 어린이 운동을 할 정도로 1920년대 어린이 운동 정신을 계승하고 있었다. 그래도 영어권 문화에 익숙해진 미국 유학생들이라서 낮춤말이 더 편할 수도 있다. 오랜 논의 끝에 어른과 어린이가 평등한 호칭과 말을 쓰는 것으로 결정되었다. 다만 아직 우리 문화에서 서양처럼 어른 이름을 부르는 게 거부감을 줄 수 있으니 교사들이 이름 대신 쉽고 고운 우리말로 별칭을 만들어 부르기로 의견을 모았다. 그 별칭도 대부분 교사들과 어린이들이 처음 만날 때 같이 의논하고, 어린이들 의견을 많이 따르게 되었다고 한다.

2015년에 천도교 한울연대 모임에서 방정환한울어린이집을 준비한다면서 도움말을 해 달라는 부탁을 받았을 때, 나는 공동육아 어린이집 교육철학과 교육과정을 만들 당시의 이야기를 하면서, 방정환한울어린이집에서는 교사와 어린이들이 꼭 서로 높임말을 쓰면 좋겠다고 했다. 그동안 몇 차례 경주 방정환한울어린이집에 교사 교육이나 행사 참여를 위해 오가면서 교사와 어린이들이 서로 높임말을 자연스럽게 쓰는 것은 물론 날마다 하루를 시작하기 전에 교사와 어린이들이 둥그렇게 모여서 맞절을 하면서 "서로 배우겠습니다."라는 첫 인사말을 하는 모습을 보았다.[1]

100년 전 방정환을 비롯한 어린이 해방운동가들이 서로가 서로를 하늘로 모신다는 생각에서 높임말 쓰기를 권유한 것을 염두에 둔다면 높임말 쓰기로 나가면 좋겠다고 생각하지만 일반화가 쉽지는 않을 것이다. 현재 우리 생활 자체가 집이나 사회에서 낮춤말을 쓰는 경우가 많아졌고, 18세 미만 어린이와 청소년들을 하늘은커녕 인격을 가진 한 사람으로 온전히 존중하는 사회 문화 의식도 아직은 너무나 낮고, 이를 뒷받침할 정치 경제 제도 역시 부족하기 짝이 없기 때문이다.

많은 사람들이 집에서는 가족끼리 낮춤말을 쓰고, 사회나 회사에서는 높임말을 쓰고 있다. 나 또한 아직 공적인 자리에서는 높임말을 쓰고 사적인 자리에서는 낮춤말을 쓰는 이중생활을 하고 있다. 다만 바람이 있다면 어느 쪽으로든 말의 민주화, 신분과 세대에 관계없이

---

1   최경미, 『서로 배우고 함께 자라요』, 모시는사람들, 2021, 20쪽 사진과 글 참조.

서로가 서로를 존중하며 평등하게 대하는 언어 사회가 되면 좋겠다는 것이다. 그러려면 아무래도 '당신들끼리도 서로 존대하기로 합시다'라는 방정환 말을 마음에 담고 행동하는 사회로 가는 게 좋지 않을까 싶다.

3. 마음껏 말하고 써요

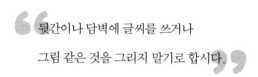

뒷간이나 담벽에 글씨를 쓰거나
그림 같은 것을 그리지 말기로 합시다.

방정환이 이 글을 쓸 무렵인 1920년에도 학교에서 쓰던 하얀 분필 조각을 갖고 나가서 담이나 뒷간에 글씨를 쓰거나 그림을 그리는 어린이들이 많았다고 생각하니 슬며시 웃음이 난다. 옛날이니까 숯이나 곱돌을 더 많이 썼을 수도 있겠다. '뒷간'이라는 이제는 거의 사라진 순우리말을 보는 재미도 있다. '낙서'를 '글씨를 쓰거나 그림 같은 것'이라고 어린이들이 알기 쉬운 우리말로 썼다. 방정환 글을 읽다 보면 주시경이 그랬던 것처럼 쉬운 우리말 쓰기 위해 애쓴 흔적을 자주 만날 수 있다.

내가 초등학교를 다니던 1960년대에도 어린이들이 즐겨 낙서하는

공간은 학교 벽, 마을 돌담, 변소였다. '화장실'이라는 말은 훨씬 뒤에 변소를 대신하는 말로 바뀌어서 퍼진 말이다. 어린이들이 학교 벽이나 담에 쓰는 글씨는 대개 동무들을 흉보거나 놀리는 글이고, 개××, 씹×× 같은 욕지거리다. 또는 'OO와 OO가 뽀뽀했대요' 같은 성에 관한 글도 많았다. 나도 6학년 때 누가 학교 창고 벽에다가 '주영이와 행자가 뽀뽀했대요'라고 쓰고, 그림까지 그려 놓아서 며칠을 씩씩대면서 찾아다녔던 일이 있다. 비누칠을 해서 빡빡 지웠더니 그다음에는 '주영이하고 행자하고 달밤에 ××를 했다'고 쓰고, 둘이 손잡고 있는 그림을 그려 놓아서 더 열을 받았다.

1970년대와 1980년대 무렵에는 전국 어디를 가나 공중변소 안에 별별 낙서가 새까맣게 쓰여 있었다. 아이들보다는 주로 어른들이 쓴 내용들이다. 성에 대한 이야기와 남녀 성기 그림으로 도배를 해 놓은 곳이 많았다. 그 속에 박정희 군사 독재 정권과 전두환 독재 정치에 대해 욕하거나 비판하는 글도 몇 개씩은 꼭 들어가 있었다. '박정희 × ××, 전두환 ×××, 문어대가리, 박통 깨부수자, 전통 밟아 깨자' 같은 글을 자주 보았다.

농부시인 서정홍은 마산 공단에서 공장 노동자로 일할 때 화장실에서 글쓰기를 시작했다고 한다. 화장실에 똥 누러 가서 앉아 있는 동안 사방 벽에 있는 낙서들을 보다가 그 사이에 공장 사장이나 관리들이 잘못하는 문제를 쓰다 보니 어느새 시를 쓰게 되었다고 한다. 도시 곳곳에 스프레이로 독재 타도나 호헌 철폐 같은 글자가 쓰여 있기도 했다. 그러면 다음 날 청소하는 사람들이 와서 지운다. 밤이 지나 새벽에 보면 어느새 또 누군가 반정부 낙서를 해 놓았다.

교육학이나 심리학에서 말로 자기 마음이나 생각을 표현하기 어려울 때, 즉 언어 표현력이 부족할 때 욕설을 하게 된다는 말이 있다. 이처럼 독재 정권이나 계급 사회에서 표현의 자유를 빼앗기고 다른 계급한테 억압을 받으면 낙서가 창궐한다. 낙서는 힘없이 억눌려 사는 약한 사람들이 저주처럼 쓰는 일종의 무기가 되기도 했다. 그러니 일제 침략기에도 약한 사람들이 담이나 뒷간에 글씨와 그림으로 그렸을 것이다. 이런 사례는 한 시대의 추억으로 생각할 수도 있지만 낙서가 갖고 있는 문제점을 넘어서기는 어렵다. 민주 사회라면 정당한 방법으로 정당하게 표현할 수 있어야 한다.

방정환이 어린이들한테 뒷간이나 담에 함부로 글씨를 쓰거나 그림을 그리지 말자고 한 까닭은 표현의 기회를 억압하기 위해서가 아니다. 소년회 활동을 하는 아이들이 담이나 뒷간에 함부로 장난을 하지 말자는 뜻도 있겠지만,『어린이』잡지에 좋은 글을 써서 많이 보내 달라고 격려하는 뜻도 있다고 볼 수 있다. 그는 강연할 때마다 어린 동무들한테 당당하게 자기가 쓰고 싶은 글을 잘 쓰라고 강조했다. 그는 우리 어린이들이 낙서가 아니라 자유롭게 표현하면서 살 수 있는 해방된 민주 사회를 바라는 뜻이 더 컸을 것이다. 그런 사회를 만들기 위해서 온 힘을 다했으니까.

정치 민주화가 안착되어 가던 2000년대에 들어서면서부터 담이나 벽이나 화장실에서 낙서가 사라지기 시작했다. 지하철 화장실이나 학교 화장실이나 공중화장실에 낙서가 있는 경우가 드물다. 예전부터 끈질기게 내려오던 낙서가 이렇게 줄어든 까닭은 무엇일까? 억압하면 억압할수록, 하지 말라고 하면 하지 말라고 할수록 더 하던 낙서가 이렇게 줄어든 까닭은 무엇일까? 요즘은 청소하는 사람이 많고, 고속도로 휴게소 같은 곳에서도 화장실마다 자기 담당이 있어서 낙서가 발견되면 바로바로 지운다. 낙서가 없으니 다른 낙서도 줄어든다. 따라 하는 심리가 줄어들기 때문이다.

그렇다고 우리 사회에서 낙서 욕구가 아주 사라진 건 아니다. 사회 양극화에 따른 격차가 커지면서 다른 방법으로 더 빠르게 더 많이 확산되었다고 볼 수 있다. 이메일이나 문자나 카카오톡이나 텔레그램이나 페이스북 같은 새로운 매체를 통해서다. 또 온라인의 신문기사에 달리는 댓글 중에서도 '질 낮은 낙서'의 수준을 넘어서지 못하는 것들이 많고, 최근에는 1인 방송으로도 확산되고 있다. 동영상으로 보여주는 쓰레기 같은 욕구 배출이 예전 공동변소에서 보던 낙서보다 더 심각한 경우가 많다. 사실과 진실이 밝혀지기 전에 너무 빠른 속도로 돌아다니기 때문이다. 예전에는 낙서가 있고, 다른 사람이 찾아가서 보게 되지만 요즘은 낙서가 제 스스로 돌아다니는 시대가 되었다.

최근 20년 사이에 인터넷 댓글에 상처받은 연예인들이 스스로 생을 마감했다는 소식이 계속 이어지고 있다. 얼마 전에도 유명 연예인이 자살을 했다. 평범한 보통 사람들 가운데에도 이런 일로 상처받는 사람이 많을 것이다. 예민한 어린이, 청소년 시기에 있는 아이들은 더 심각한 상처를 입게 된다. 이런 잘못된 댓글 문화나 단톡방에서의 왕따 문화를 바로잡지 않으면 우리 문화는 뒷간이나 담벼락에 숨어서 함부로 장난질하는 쓰레기 같은 낙서 문화로 전락하고 퇴행할 것이 뻔하다. 조회 수를 높이는 데만 혈안이 된 1인 방송이 점점 더 심각한 수준으로 타락하고 있다. 이러한 매체들은 어른과 어린이를 가리지 않고 공격하고 파괴하며 전염력이 강하다.

그래서 100년 전 우리 겨레의 미래를 걱정하고, 어린이들의 삶을 염려했던 사람들이 했던 말이 지금에 와서 더욱 가슴 아프게 와 닿는다. 이 시대 어린이들이, 청소년들이 좀 더 당당하고 바르고 씩씩하게 자기표현을 할 수 있는 매체와 공간이 필요한 때다. 화장실 낙서를 지우듯이 손안의 전화기와 눈앞의 컴퓨터를 통해서 무한 복사되고 확장되어 나가는 낙서를 깨끗하게 청소해 줄 수 있는 새로운 환경미화원들을 국가 차원에서 양성하고 지원하고 격려해야 한다.

이름 대신에 별칭을 쓰거나 다른 국가의 서버를 경유하는 등의 편법을 통해 자기 몸을 쉽게 숨길 수 있기 때문에 실제 생활에서보다 온라인 세상에서 더 몰염치한 언행을 함부로 한다고도 한다. 표현의 자유는 정정당당하게 다른 사람에게 피해를 주지 않은 선에서 보장해야 하는 것이다. 이렇게 익명으로 숨어서 자신을 드러내지 않고 다른 사람한테 피해를 주는 것은 표현의 자유를 왜곡하는 범죄로 규정하고 막아야 한다. 선한 세상으로 가기 위해서는 선한 표현이 보장받을 수 있도록 해야 하고 악한 표현은 견제받을 수 있어야 한다. 우리 아이들이 어려서부터 숨어서 장난삼아 표현하는 습관에 물들지 않고 씩씩하고 당당하게 자기를 드러내 놓고 표현하는 문화를 경험할 수 있도록 해야 한다. 100년 전 '뒷간이나 담 벽에 글씨를 쓰거나 그림 같은 것을 그리지 말기로 합시다'를 2020년대에 딱 맞는 글로 사회에 다시 불러낼 수 있는 현대판 방정환이 그립다.

4. 안전하게 놀고 싶어요

"길가에서 떼를 지어 놀거나

유리 같은 것을 버리지 말기로 합시다."

100년 전에도 길거리에서 떼를 지어 노는 어린이들이 많았던 것 같다. 또 거리마다 깨진 유리창이나 병 조각이 꽤 있었나 보다.

내가 초등학교를 다니던 1960년대까지도 학교를 오가는 중에 신작로에서 달리거나 모여 앉아서 즐겁게 놀았던 기억이 있다. 초등학교 교사로 발령을 받았던 1970년대 말부터 1980년대 초까지도 주택가 골목에서 떼를 지어 노는 아이들이 많았다. 옛날 사진을 보면 자동차 뒤를 따라 뛰는 어린이들, 전차가 가는데 그 주변에 몰려다니는 어린이들 모습도 있다. 도로가 넓고 자동차가 적으니 평소에는 아이들이 놀기에 좋은 공터가 되었을 것이다.

지금은 '길가에서 떼를 지어 놀지 말기로 하자'는 말이 오히려 그리워진다. 요즘 시대에 길가에서 떼를 지어 논다는 건 엄두도 못 낸다. 도로마다 워낙 차가 많이 다니는 데다 속도가 너무 빠르다. 지방 국도를 걸어갈 때 가장 무서운 게 자동차다. 사람이 길가로 걸어가는데도 무자비하게 달린다. 도시에서는 주택가 골목길이나 학교 근처 어린이보호구역에서도 자동차가 사람을 조심하는 게 아니라 사람이 자동차를 조심해야 한다. 어린이들 교통사고가 많이 나는 곳도 학교 앞 어린이보호구역과 주택가 골목길이다.

2019년 12월 10일 국회에서 어린이 교통사고와 관련해서 깊이 생각해 봐야 할 두 가지 법이 우여곡절 끝에 통과되었다. '하준이법'과 '민식이법'이다. '하준이법'은 2017년 10월 놀이공원 주차장에서 차가 굴러오는 사고로 인해 숨을 거둔 아홉 살 최하준 어린이처럼 다치는 어린이가 없도록 하자는 법이다. '주차장법'을 일부 개정한 것으로 경사진 주차장에는 미끄럼 주의 안내판을 설치해야 하고, 주차하는 자동차 바퀴에 고임목을 대야 한다는 내용을 추가한 것이다.

나도 몇 년 전에 서울에 있는 한 초등학교에 강의를 갔다가 나오는 길에 학교 담 바깥쪽으로 경사진 주차장에서 굴러온 자동차와 학교 담 사이에 끼여 있는 아가씨를 구해 준 적이 있다. 그 학교 과학보조원이 퇴근하다가 당한 사고였다. 어른이 아니고 어린이었다면 보이지 않아서 죽었을지도 모르겠다는 생각이 들었다. 이처럼 경사가 져서 위험한 주차장은 물론 골목 비탈길에 함부로 주차하는 차들이 많다. 그러니 도로에서 떼 지어 놀기는커녕 골목길에 서 있는 자동차도 잘 살펴보면서 조심조심 다녀야 하는 시대가 된 것이다.

'민식이법'은 2019년 9월 11일 충청남도 아산에서 어린이보호구역 내 교통사고로 숨진 아홉 살 김민식 어린이를 생각하면서 만든 법이다. 어린이보호구역에 신호등을 설치하고, 단속 카메라를 설치하고, 어린이보호구역에서 교통사고로 사망하는 사고를 내면 가중처벌하는 내용을 담고 있다.

이 법을 두고 논란이 많았다. 규정 속도 30킬로미터 지역에서 23.6킬로미터로 갔다는 것이다. 그런데 불법으로 세워져 있는 차 사이로 아홉 살 어린이가 뛰어나오는 바람에 난 사고니까 운전자 잘못이 아니라 뛰어나온 어린이 잘못이라는 것이다.

이런 생각은 세상을 어린이를 중심에 놓고 보는 것이 아니라 어른이나 자동차를 중심에 두고 보는 데서 생기는 것이다. 또 어린이 발달 단계에 따른 특성을 무시하는 생각이다. 어린이들은 틈만 나면 뛴다. 안전교육을 안 하거나 못 해서 뛰는 게 아니라 어린이 특성이 그렇다. 따라서 어린이가 나타날 수 있는 학교 근처나 주택가 골목에서는 천천히 가면서 언제든 어린이가 튀어나올 때를 대비해야 하는 것이다. 그렇게 하지 않기 때문에 작년(2019) 한 해만 해도 어린이 교통사고가 1만 건이 넘고, 1만 4천여 명이 다쳤다. 해마다 12세 이하 어린이 사고 사망 통계에서 교통사고의 비율이 40퍼센트가 넘는다고 한다.

지금은 도로는 물론이고 학교 주변 도로나 집 앞 골목길에서도 떼 지어 노는 어린이들이 없는 사회가 되고 말았다. 전국 대부분 시골 마을에서는 어린이 자체가 사라지고 있다. 출생률이 0.9 이하로 떨어지고 있기 때문이다. 인구 절벽 시대가 닥쳐오고 있는 것이다. 그래서 나는 어린이 해방 선언 100주년이 되는 2023년에는 100년 전과 반대로 도로에서 아이들이 떼 지어 놀아도 된다는 법을 만드는 꿈을 꾼다.

넓은 도로에서 어린이들이 떼를 지어 몰려다니면 얼마나 신날까? 일주일에 하루라도, 아니 한 달에 단 하루만이라도 아이들이 모두 광화문 대로에 나와서 떼를 지어 돌아다니며 마음껏 놀 수 있는 날을 만들었으면 한다. 전국 도시의 중심지 도로에서 어린이들이 큰소리로 떠들고 마음껏 뛰어놀고 노래하고 춤추며 신나게 돌아다니는 날을 만들었으면 한다. 그러면 이 세상이 자동차 중심이 아니라 사람 중심이어야 한다는 기억을 조금이라도 더 되살려 낼 수 있을 것 같다. 이 세상이 어른이 중심이 아니라 어린이가 중심이어야 한다는 걸 그날만이라도 되새기게 될 수 있을 것 같다. 혹시 아이들한테만 그런 날을 만들어 주는 게 배가 아프면 모든 노동자들도, 아니 젊은이와 늙은이들도 그날은 어린이들 뒤를 따라다니며 도로에서 뛰어놀아도 된다고 하자. 그런 법이라도 만들 수 있어야 우리에게 미래라는 게 존재할 수 있을 게 아닌가.

100년 전에 '유리 같은 걸 버리지 말기로 합시다'를 요즘 사회에서는 어떻게 바꿔야 할까? 요즘은 유리 조각을 버리는 일은 흔하지 않다. 유리 제품보다는 플라스틱이나 종이로 만든 제품이 많아졌기 때문이다. 또 100년 전에는 길거리에서 맨발로 뛰어노는 어린이들이 많았다. 신발을 신는다고 해도 짚신이나 고무신을 신었기 때문에 유리 조각은 아주 위험하였다. 내가 어릴 때만 해도 검정고무신을 신고 다니는 사람들이 많았고, 어린이들이 종종 유리 조각에 발을 다쳤다. 운동화를 신었어도 소주병 조각에 바닥이 뚫리면서 다치는 경우가 있었다. 당시 운동화가 요즘 운동화보다 바닥도 얇고 약했기 때문이다.

100년이 지난 지금은 '아파트에서 벽돌을 던지지 말기로 합시다'로 바꾸어야 할 것 같다. 몇 년 전 초등학교 4학년 아이 셋이 아파트 옥상에서 던진 벽돌에 사람이 맞아서 죽은 사건이 있었다. 그 생각이 나서

검색을 해 보니 일 년에도 몇 건씩 이와 비슷한 사고가 일어나고 있었다. 내가 퇴직하기 10년 전에 교감으로 근무하던 학교에서는 그 전에 근무하던 학교와는 달리 우유갑을 던지는 놀이를 막느라고 힘들었다. 3, 4층 교실에서 창밖으로 우유가 들어 있는 갑을 던지면 학교 담 밖 차도에 떨어지고, 자동차 바퀴에 깔리면서 터질 때 폭탄처럼 큰 소리가 났기 때문이다. 5, 6학년 남자 아이들이 그 재미에 우유를 마시지 않고 있다가 쉬는 시간에 던지는 것이었다. 지나가던 자동차나 사람이 맞을 수도 있는 위험한 놀이였다.

학교 끝나고 집에 가는 10세 전후 어린이들이 갑자기 냅다 달리는 걸 아무리 교육해도 근절하기 어려운 것처럼 10세 전후 남자 어린이들이 높은 곳에서 무엇을 던지는 것도 예방 교육만으로는 근절할 수 없다. 인간 발달 과정에서 생기는 특성이기 때문이다. 인류 역사로 보면 이 시기가 유인원 단계다. 유인원 단계란 나무에서 땅으로 내려와 두 발로 달리기 시작한 때다. 잘 달려야 살아남을 수 있었다. 또 남자들이 돌을 던져서 사냥을 시작한 시기이기도 하다. 그런 유전자 흔적이 수십만 년이 지난 지금도 남아 있는 것이다.

물론 현대사회 규범에 맞게 차도로 갑자기 뛰어들거나 아파트에서 아래로 물건을 던지면 안 된다는 안전교육을 잘 해야 한다. 그러나 그 이전에 어린이들 특성을 고려해서 건축법이나 도로교통법이나 주차장법을 보완해야 하고, 운전자 규범을 강화해야 한다. 예를 들면 건축

법은 아파트나 학교를 지을 때 건물에서 어린이들이 무엇을 던져도 닿지 않을 정도로 충분한 거리를 두고 사람이 다니는 길을 만들어야 한다. 어린이들이 자주 다니는 인도와 차도 사이에는 울타리를 세워야 한다. 학교 앞이나 골목길에서 사고 내면 다른 곳에서 내는 사고보다 몇 배 더 강하게 처벌해야 한다. 이렇게 하는 것이 어린이들을 죄인으로 만들지 않는 길이고, 어린이를 죽이지 않는 길이다.

5. 과학보다 생명을 가르쳐 주세요

> ❝꽃이나 풀을 꺾지 말고 동물을 사랑하기로 합시다.❞

방정환이 강조한 어린이 교육이 일제 식민지 교육과 다른 점은 생명을 존중하고 사랑하는 생각과 태도다. 너무나 당연한 말이지만 식물과 동물은 아주 오랫동안 인류의 형제였다. 인류사로 볼 때 19세기 말에서 20세기 초는 지구촌 동식물에 대한 억압과 착취와 학살이 급격히 증가한 시기이다. 그 압박과 착취와 학살은 과학과 진보와 교육이라는 이름으로 위장되었다.

일제 식민지 교육에서 동식물에 대한 생각과 태도를 가장 잘 보여주는 것이 동식물 표본 채집 교육이다. 어린이들한테 나비, 잠자리, 개미, 딱정벌레 같은 것들을 잡아서 몸 가운데에 가느다란 못이나 핀을 꽂아서 모아 오도록 하였다. 과학 교육을 위해서라고 했다. 이런

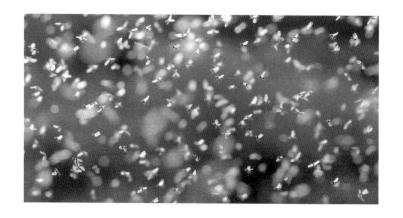

교육 방식에 따라 여름방학마다 전국 모든 학교에서 초중고 학생들에게 숙제를 내서 교육이라는 이름으로 곤충들을 대량 학살하게 하였다.

동식물 표본 채집 숙제는 해방 후 중고등학교에서는 점차 사라졌지만 초등학교에서는 2000년대 초까지 관행처럼 남아 있었다. 이오덕은 이렇듯 교육이라는 이름으로 생명을 학살하는 잘못된 교육에 대해 "사람은 벌레 한 마리, 풀 한 포기도 아무런 까닭 없이 죽이거나 짓밟을 권리가 없다."면서 비판하였다. 초중등 학생들한테 동식물 표본 채집을 함부로 시키는 짓은 인간한테 필요하다면 함부로 생명을 짓밟고 죽여도 된다고 가르치는 것이며, 이렇듯 나보다 약한 생명을 함부로 빼앗고 짓밟는 태도가 나보다 약한 다른 사람을 대할 때에도 나타난다고 하면서 곤충채집 숙제를 내서는 안 된다고 하였다.

정말 과학 교육을 위해서라면 전문 교육을 하는 대학 해당 학과에서 연구자가 꼭 필요한 정도만 표본을 만들면 된다. 초등학생 전체가 여름방학 때마다 곤충을 잡아 죽여서 표본을 만들어야 과학 교육이 발전하는 것이 아니다. 일부 교육학자들 말대로 대량 학살을 통해서 과학이 더 발전한다고 하더라도 그 때문에 약한 생명을 무시하고 짓밟고 약탈하는 인성을 갖게 된 인간들이 이 세상을 훨씬 더 악하게 만든다.

1930년대 동화작가 현덕이 쓴 동화 「나비를 잡는 아버지」는 일제 식민지 과학 교육의 표본이 되는 곤충 채집이 실제로 어떻게 이뤄지고 있는지는 잘 보여주고 있다. 학교에 다니는 주인집 아들 곤충 채집 숙제를 대신 해 주기 위해 머슴이 나비를 잡으러 다니고 있고, 머슴 아들은 그런 아버지를 원망한다. 정말 과학 교육에 관심이 있어서 하는 거라면 스스로 해야 하는데, 이렇게 강제로 머슴을 시켜서 숙제를 대신 하도록 하고 있다. 「나비를 잡는 아버지」는 배경이 되는 당시 일제 식민지 교육과 사회의 겉과 속을 짚어 볼 수 있는 동화이다.

내가 초등학교에서 가르칠 때인 1980년대 서울이라는 대도시 학교에서도 동식물 채집이 여름방학 숙제로 빠짐없이 나갔다. 학교에서 전체 공통 과제로 정해서 내보내기 때문에 담임교사 마음대로 뺄 수도 없었다. 사실 나도 이오덕 선생님을 만나기 전에는 이런 숙제를 당연하게 생각했기 때문에 빼려는 생각도 안 했다. 1960년대에 초등학교를 다닐 때도 해마다 동식물 채집 숙제를 받았기 때문이다. 시골이라 일하거나 놀기 바빠서 제대로 못하기는 했지만 그래도 해마다 여름방학이 끝나면 10% 정도는 해 왔던 걸로 기억한다. 대다수 숙제를 못 해 온 어린이들은 벌로 때워야 했다. 그 어린이들이 어렵게 해 온 표본을 창틀에 전시해 놓았는데, 그 상자 속에서 표본들이 부서지고 썩어 가던 모습이 생생히 기억난다. 결국 그렇게 버려져 있다가 나중에는 쓰레기장에 갖다 버렸다.

그런데 그보다 20년 뒤에 서울에 와서 동식물 채집 숙제를 냈을 때는 시골 어린이들보다 훨씬 더 많은 아이들이 더 잘 만들어 왔다. 각 반마다 30퍼센트 정도는 해 왔던 것 같다. 그중에 몇 명은 대학 전공 학생이나 학자들을 뺨치는 표본도 갖고 왔다. 그런 표본들이 방학 숙제 최우수상을 받았고 한 학기 내내 전시해 놓아도 썩거나 부서지지 않는다. 약품 처리를 잘했기 때문이다. 그러나 실제로 자기가 직접 채집해 온 아이들은 거의 없었다. 대부분 학교 앞 문방구에서 사 왔다. 상을 받을 정도가 되는 표본은 시내 전문 매장에 가서 사 온 것이 아니었을까 싶다. 1980년대 여름방학 숙제로 얼마나 많은 동식물이 학살되었을까? 한편 1990년대 이후 그런 숙제를 강제로 내지 못하게 하면서 얼마나 많은 장사꾼들이 손해를 입었을까?

이런 방학 숙제가 잘못된 교육이라는 건 이오덕 참교육 주장에 공감하는 젊은 교사들이 모여서 만든 한국글쓰기교육연구회 연수에서 배웠다. 방학 숙제 사례 발표에서 이런 채집 교육이 얼마나 생명을 짓밟으면서 우리 어린이들 마음을 해치고 있는지에 대한 토론이 있었다. 그 뒤로 나는 학교 전체 방학 숙제에서 동식물 채집은 지우고 내보냈다. 그렇다면 더 좋은 방학 숙제는 어떤 걸까에 대한 논의도 있었다. 그런 논의와 실천 결과를 잘 보여 주는 게 연구회 회원이 쓴『재미있는 숙제 신나는 아이들』(이호철, 보리, 1994)이다. 이런 교육에 공감하는 교사들이 많아지면서 방학 때 관습적으로 전체 공통 숙제를 내던 방식을 중지하고 각각 자기 스스로 하고 싶은 걸 한두 가지 정해서 하는 방식으로 바뀌기 시작했다.

전국 초등학교에서 동식물 채집 숙제가 오랫동안 지속된 배경에는 잘못된 교육 관행도 있지만 이를 통해 이익을 보는 장사꾼들이 있었다. 앞에서 말한 것처럼 이런 방학 숙제가 나가면 도시 아이들 대부분이 문방구에서 파는 조잡한 표본을 사다가 냈다. 당시 이런 표본은 물론이고 독후감 관련 책, 실과나 미술 만들기 물품, 모형 비행기나 과학 관련 부품을 비롯해 학교 숙제를 대신 만들어 파는 업자들이 교장이나 학년 주임에게 판매 수입 중 일부를 떼어주는 나쁜 관행까지 있었다. 그러니 이런 것들을 모두 없애자고 주장하는 교사와 교육 단체들이 얼마나 미웠을까?

우리 겨레는 먹고 살기 위한 목적이 아니면 함부로 나무나 풀을 꺾거나 동물을 죽이지 않았다. 정원에 있는 풀과 나무도 될 수 있으면 자연 그대로 살아가도록 했다. 조선 시대 교육기관이나 궁궐 정원도 그랬다. 동식물을 연구할 때 표본을 만들기보다는 정약전이 쓴 책처럼 그림으로 그렸다. 서양에서는 정원에 놓는 돌을 자르거나 깎아서 모양을 만들었다. 일본은 한 걸음 더 나아가 정원에 키우는 식물까지 꺾고 자르고 억지로 비틀어서 모양을 냈다. 동서양 의학에서 사람 몸을 연구할 때도 죽은 짐승 사체나 죽은 사람 시체를 이용했다. 그런데 독일 히틀러 나치들은 살아 있는 유대인을 죽여서 연구했고, 일본 제국 군대는 살아 있는 한국인, 중국인, 만주인, 몽고인을 실험 도구인 '마루타'로 삼았다. 겉으로는 오족협화론, 동양평화론, 대동아공영권을 떠들면서 속으로는 산 사람을 실험용 모르모트로 삼았던 것이다. 그 천인공노할 짓의 뿌리는 초등학교 어린이들한테 강제로 시킨 동식물 채집에까지 닿아 있는 것이다.

1990년대부터 보리출판사에서 어린이·청소년들을 위한 세밀화 책을 내는 데 온 힘을 다하는 까닭이 바로 이런 우리 겨레 교육 방식을 살려 내는 것에 있고, 방정환, 이오덕, 윤구병의 생명 교육 사상을 잘 살려 내기 위해서였다. 초중고에서는 과학 교육을 위해서 굳이 동식물 생명을 짓밟고 죽이는 것보다, 동식물이 살아가는 모습을 잘 살펴보고, 사진으로 찍고, 그림이나 글로 표현하고, 시를 써 주고, 노래를 불러 주고, 이름을 기억할 수 있도록 하는 것이 훨씬 좋은 교육이라고 생각하기 때문이다. 방정환 교육 정신을 이어 주신 이오덕의 참교육 정신에 공감하고 실현하고 싶은 교사들 마음이다.

6. 힘든 사람이 앉게 해 주세요

66 전차나 기차에서는 어른에게 자리를 사양하기로 합시다. **99**

외국을 여행하면서 느끼는 것 가운데 하나가 어린이나 젊은이들이 자리 양보를 하지 않아도 자연스러워하는 모습이다. 반대로 외국 사람들이 한국에 와서 놀라는 문화 가운데 하나가 어린이나 젊은이들이 자리를 양보하거나 자리에 앉아 있던 늙은이들이 서 있는 사람들 가방이나 무거운 짐을 들어주는 모습이라고 한다. 요즘은 많이 줄어든 모습이지만 그래도 자리에 앉아 있는데 늙은이가 서 있으면 젊은이가 불안해하거나 부자연스러운 행동을 하는 걸 보게 된다. 그래서 3~4년 전 흰머리가 많아지면서부터는 전철을 타면 경로석 쪽으로 가는 버릇이 생겼다.

우리는 오랫동안 학교에서 버스나 기차에서 어른에게 자리를 양보

해야 예절 바른 학생이라고 가르쳐 왔다. 가정에서도 그렇게 가르쳤고, 사회에서도 무조건 나이 어린 사람들이 자기보다 나이가 조금이라도 더 많은 사람한테 자리를 양보해야 한다고 강요하다시피 하였다. 나는 예전에 이런 예절 교육이 유교에서 강조한 장유유서, 곧 나이가 어린 사람은 나이가 많은 사람한테 복종하고 차례를 양보해야 한다는 봉건사회 유산이라 보고 상당히 불합리하고 부당하다고 생각하였다. 요즘은 사회 문화와 제도가 많이 바뀌어서 좌석표 대로 앉는 게 당연하지만 내가 학교 다닐 때만 해도 그렇지 않았다. 돈을 더 주고 기차 좌석표를 샀는데도 노인이 오면 양보하라는 보이지 않는 압력을 받아야 했다.

고등학교 2학년 때 정치적 사건으로 서울 동대문경찰서에 잡혀 들어가 경찰들한테 집단 폭행을 당한 적이 있었다. 2주 만에 유치장에서 나와 원주 집으로 가야 했다. 그런데 걸으면 발뒤꿈치부터 머리끝까지 송곳으로 찌르듯이 아픈 기운이 올라왔다. 무엇보다 흔들리는 기차에서는 허리가 아파 서서 가기가 힘들 것 같았다. 그래서 좌석표가 없는 비둘기호 대신에 좌석표가 있는 통일호 표를 겨우 사서 앉아 갔다. 좌석은 물론이고 입석까지 빽빽하게 서서 갈 정도로 사람들이 많았다. 그런데 양평역에서 초로의 아주머니가 올라왔다. 틈을 비집고 들어오더니 내 자리 앞쪽 바닥에 앉았다. 당시에는 자리가 없으면 의자와 의자 사이 틈 바닥에 앉는 게 흔했다. 아파서 일부러 좌석표를 산 거라 자리를 양보하기가 싫었다. 그래도 마음이 불편해서 눈을 감고 자는 척 했다. 조금 갔는데 내 자리 뒤에 기대 서 있던 중년 남자가 주간지를 말아서 내 머리를 탁 치면서 자리를 양보하라고 호통을 쳤다. 자신은 그게 정의라고 생각했겠지만 나로서는 억울하기 짝이 없는 일이었다. 먼저 정중하게 자리를 양보해 줄 수 없냐고 물어보지도 않고 대뜸 야단부터 치고, 내가 아파서 어렵다고 했더니 거짓말한다고 호통치고…. 그러자 내 앞자리에 앉아 있던 청년이 일어나서 그 아주머니에게 자리를 양보했다.

그런데도 큰소리로 학생이 버릇이 없다면서 일어나라고 떠들었다. 아주머니와 청년이 당황해하면서 그러지 말라고 하는데도 말아 쥔 잡지로 머리를 탁탁 치면서 계속 큰소리로 야단을 쳤다. 나는 화가 나서 참다못해 벌떡 일어나서 큰소리로 "왜 때립니까? 아프다고 거짓말하는 거 아니고, 경찰서에 잡혀가서 밤새 두들겨 맞아 골병들었다고요. 허리도 아프고 뒷골도 쑤셔서 비싼 돈 주고 좌석표 사서 앉았는데 왜 이럽니까?" 하면서 대들었다. 그 남자가 얼이 빠져 멍하니 보다가 곧 얼굴이 붉으락푸르락 폭발 직전이었다. 자리를 양보하고 서 있던 청년이 우리를 번갈아 보다가 그 남자를 뒤로 가라고 밀었다. 그 남자가 화를 내며 버티자 뒤에 서 있던 50대 어른 한 명이 뒷덜미를 잡아 끌었다. 두 사람이 다른 칸으로 데리고 가서 싸움은 끝이 났다. 조금 멀리 있던 다른 어른이 말도 없이 다가오더니 나를 살며시 안아 주면서 "괜찮아, 괜찮아, 학생 괜찮아요. 마음 가라앉혀요."라며 다독였다. 그러자 나도 모르게 눈물이 쏟아져 꺽꺽 흐느껴 울었다. 그 어른이 나를 자리에 앉히고는 말없이 옆에 서서 지켜 주셨다. 만일 그분들이 없었다면 나는 그날 범죄자가 되었을지도 모른다.

서울 탑동초등학교에서 근무할 때 4학년 아이들을 데리고 체험 학습을 다녀오는 길이었다. 그날 일정에 차질이 생겨서 밤 8시에나 시청역에서 전철을 탔다. 하루 종일 걸어 다니느라 지쳐 있던 어린이들이 전철을 타자마자 우르르 빈자리를 찾아 앉았다. 다 앉고 자리가 없어 나만 서 있으니까 반장이 일어나면서 나더러 앉으라고 하였다. 오늘은 너희들 모두 힘들 테니 그냥 앉으라고 다시 앉혔다. 주변에 서 계시던 어른들한테도 사정을 설명하고 양해를 구했다. 한 정거장이

지나기도 전에 아이들은 대부분 꾸벅꾸벅 졸거나 잠이 들었다.

몇 정거장 더 가서 중년 남자 셋이 탔다. 술 냄새가 풍겼다. 그 가운데 한 명이 타자마자 잠든 어린이들 앞으로 가서 머리를 툭툭 치면서 일어나라고 했다. 어린이들이 눈을 부스스 뜨면서 주춤주춤 일어섰다. 내가 그 남자한테 가서 내가 담임교사인데 오늘 어린이들이 많이 걸어서 힘드니 그냥 앉아 가도록 두라고 했다. 그러자 그 남자가 선생이 아이들 예절 교육을 엉망으로 시킨다고 야단을 쳤다. 결국 서로 큰소리가 오가고, 나한테 욕설까지 내뱉었다. 내가 어린이 머리를 손으로 쳤으니 폭력으로 고소하고, 제자들 앞에서 담임교사를 욕했으니 명예훼손으로 고소하겠다고 했다. 욕을 했던 사람을 일행 두 사람이 다음 역에서 끌고 내려서 끝났다. 그 사람들한테도 화가 났지만 먼저 타서 사정을 알고 있는 다른 사람들까지 그 상황을 못 본 척하고 있는 것에 더 화가 났다. 그들은 내가 양해를 구하는 말을 듣고도 어른은 서 있고 아이들은 앉아 가는 것에 마음속으로까지는 동의하지 않았던 것이다. 주변에 있던 어른들은 그 다툼을 보면서도 아무도 나서서 말하지 않았는데, 열 살짜리 반장, 안성기는 일어나서 "아저씨, 우리 선생님한테 욕하지 마세요."라고 항의했다. 그 남자가 "뭐야 쪼그만 새끼가. 욕도 말이야 임마." 하니까 반장은 "욕은 폭력이에요." 하면서 예의 바르게 또박또박 대꾸했다. 학교 교문에서 헤어져 집으로 갈 때도 마지막으로 다가와서 "선생님 오늘 고생하셨어요. 너무 속상하지 마세요." 하고는 갔다.

버스나 기차에서 자리를 양보하느냐 하지 않느냐는 양보하는 당사자 개인이 판단할 일이지 양보받을 사람이 판단할 일이 아니다. 더구나 나이가 많으냐 적으냐를 기준으로 양보를 강요해서는 안 된다. 내 관점에서 보면, 어리거나 공부에 지쳐 힘든 학생들한테는 어른들이 오히려 양보해야 하고, 젊은이 중에도 몸이 아프거나 노동에 지쳐 보일 때는 노인이 양보해야 하는 일이다. 한때는 버스나 전철에 따로 마련한 좌석을 경로석이라고 했다가 요즘은 대부분 노약자석으로 바꿔 놓아 그나마 다행이다. 이제 억지스럽게 자리 양보를 강요하는 사례는 거의 사라졌지만 그래도 아직 완전히 자유롭지는 않다.

1920년대 어린이 해방운동을 이끌었던 분들이 도대체 왜 전철이나 기차에서는 어른들에게 자리를 사양하자는 운동을 했을까? 어린이들을 윤리적 억압으로부터 해방시켜야 한다고 소리 높여 주장했고, 김기전이나 방정환은 우리 사회가 살아나려면 가장 먼저 유교 윤리인 장유유서를 파괴해야 한다고 주장했다. "한마디로 줄이면 지금까지 우리들 유교의 교화에 젖은 머리에는, 어른인 그는 사회에서 가장 높은 지위와 가장 높은 혜택을 받는 반면에 어른이 아닌 어린이는 아무것도 아닌 것으로 취급되고 말았다. 근본적으로 어린이 인격을 부인하였던 것이다."(김기전, 『김기전전집』, 국학자료원, 2010, 473쪽)라고도 했다. 그런데 이렇게 장유유서 질서를 강력하게 지지하는 항목이 있으니 이상하다고 나는 오랫동안 고개를 갸웃거렸다.

그래서 어린이 해방 선언문에 대한 이야기를 할 때 한동안 〈어린 동무들에게 드리는 글〉은 무시하고 비중 있게 다루지 않았다. 그런데 최근 『정본 방정환전집』 편찬위원으로서 방정환이 쓴 글 전체를 다시 읽으면서 내가 이 문구에 대해 잘못 생각하고 있었다는 것을 깨달았다. 당시 어린이 해방운동을 이끌던 사람들은 소년회 조직과 운영에 희망을 걸었다. 방정환은 "지방으로 다니면서 촌촌마다 소년회를 골고루 조직하게 하고, 또 온 조선의 모든 소년회가 한결같이 소년회다운 소년회가 되게 하자."(방정환, 『정본 방정환전집』3, 창비, 2019, 187쪽)고 하였다.

방정환은 소년회를 만들고, 소년회를 소년회답게 활동할 수 있도록 하기 위해 온 힘을 기울였다. 잡지 『어린이』는 소년회에서 구입해서 함께 읽던 활동 지침서 같은 책이었다. 그 『어린이』지 독자가 10만이라고 했던 것은 곧 소년회 회원이 10만이라는 말과 같았다. 어린이날도 소년회에서 주관해서 행사를 이끌었다. 따라서 어린이 해방 선언문에서 '어린 동무들에게 드리는 글'은 소년회 회원들에게 드리는 행동 지침이었다고 봐야 한다는 걸 알게 되었다. 소년회 회원들은 주로 15세 전후였고, 방정환은 이 소년회 회원들이 씩씩하고 당당하게 나라와 세상을 이끄는 주인으로 살아야 한다고 하였다. '주인으로 자라야 한다'가 아니라 '주인으로 살아야 한다'였다. 곰곰이 생각해 보니 '자라야'와 '살아야'는 그 말뜻에 상당히 큰 차이가 났다. 곧 방정환은 소년회 어린이들을 생물학 개념으로 좀 더 자라야 하는, 아직은 덜 자란 사람으로 본 것이 아니라 한 사람의 독립된 주체로 살아야 한다고 강조하였던 것이다. 그러니 집안 호주도 할아버지나 아버지가 아니라 어린이가 되어야 한다는 주장에 동의가 되었다.

곧 어린이 해방 선언문에서 소년회 회원들의 행동 지침으로 발표한 "전차와 기차에서 어른들에게 자리를 사양하도록 합시다."라는 덕목은 유교의 장유유서를 강요하는 게 아니라 15세 전후 소년들에게 사회 주인으로서 주인답게 살아야 한다는 뜻으로 강조하는 말이다. 사실 방정환은 방정환은 양보가 아니라 사양이라는 말을 골라 썼다. 사양과 양보는 다른 뜻이다. 어린이는 나이가 어리니까 나이가 많은 어른한테 자리를 양보해야 한다는 것과 어린이는 사회를 이끌어 가는 주인이니까 혹시 어른이 자리를 양보해도 주인답게 어른한테 자리를 사양해야 한다는 것은 전혀 다른 사회의식을 갖게 한다. 사회 기풍도 달라질 것이다. 이제는 어른이 어린이들 자리를 빼앗아 앉는 사회가 아니라, 어른한테 자리를 양보하라고 가르치는 사회가 아니라, 어른이 먼저 어린이들에게 자리를 양보하는 사회가 되어야 한다. 그렇게 존중받은 어린이들이 스스로 판단해서 사양이나 양보를 할 수 있는 사회로 나가야 한다. 그래야 어린이가 이끌어 '갈' 사회가 아니라 어린이가 이끌어 '가는' 사회로 거듭날 수 있을 것이다.

7. 바른 자세로 앉아 있나요?

> **입**을 꼭 다물고 몸을 바르게 가지기로 합시다.

앞에 쓴 '뜨는 해와 지는 해를 반드시 보기로 합시다'는 우주와 대자연의 흐름을 직접 보면서 몸으로 느끼자는 뜻을 쉽게 알 수 있었는데, 이 항목을 처음 읽었을 때는 어린이들을 너무 '범생이'처럼 자라게 하는 것이 아닌가 하는 의심이 들었다. '방정환 원전 읽기'를 하는 모임에서는 한 분이 이 글을 읽으면서 "소년회 활동으로 토론, 연설, 동화구연을 권장하면서 입은 꼭 다물라고 했네요? 입을 꼭 다물고 어떻게 말해요?"라고 장난말을 했다. 또 어떤 사람은 "1923년 당시 일본 군국주의 교육 방법을 따르고 있는 것 아니냐?"는 의문을 제기하기도 하였다.

말을 하거나 음식을 먹는 때가 아니면 입을 꼭 다물어야 한다는 생활 교육은 우리 겨레가 오래전부터 강조해 오던 것이다. 조선 정조 때 학자인 이덕무(1741-1793)는 규장각에서 활동하면서 많은 책을 썼다. 이덕무가 1775년에 쓴 『사소절』이라는 책이 있는데, 그 가운데 어린이가 지켜야 할 규범을 쓴 「동규」 편을 보면 "음식을 먹지도 않고 말도 하지 않으면서 입을 노상 딱 벌리는 것은 단정한 모습이 아니다. 그리고 눈동자를 굴려 안정하지 못하는 자는 그 마음이 흐트러져 있은 지 이미 오래다."라고 하였다. 이처럼 우리 조상들은 입은 음식을 먹을 때나 말을 할 때가 아닌 평소에는 '혜-' 벌리지 말아야 하고, 눈동자를 이리저리 굴리는 행동도 마음이 흐트러졌기 때문이라고 하였다.

현대 보건 위생 관점에서 볼 때도 평소 입을 단정하게 꼭 다물고 있는 몸가짐은 좋은 버릇이다. 어린이는 물론 어른들도 잘 지켜야 할 몸가짐이라고 생각한다. 어릴 때 방학이면 외가에 가서 며칠씩 놀았는데, 갈 때마다 외할아버지 방에서 자고 먹었다. 그때 외할아버지 역시 말하거나 음식 먹을 때가 아니면 입을 꼭 다물고 있어야 벌레나 먼지가 안 들어간다고 다정하게 말씀하셨다. 돌이켜 생각하니 아마 내가 자주 입을 벌리고 있었나 보다. 그러고 보니 날벌레가 입으로 들어와 퉤퉤 뱉었던 일이 가끔 있기도 했다. 그때는 시골에 날벌레가 많아서 정말 나도 모르게 입을 벌리고 있으면 날벌레가 날아가다 입안으로 들어오기도 했던 것이다. 사실 이 말은 100년이 지난 요즘 사회에 더 필요해진 것 같다. 황사나 미세 먼지 때문이다. 또 마음이 흐트러져 행동까지 산만하거나 무기력에 빠지는 어린이들이 점점 많아지기 때문이다. 요즘도 버스나 전철을 타고 가다 보면 어린이나 어른이나 입을 벌리고 있는 사람들을 가끔 보게 된다. 그럴 때마다 이 항목을 좀 더 많은 부모와 교사들이 다정하게 가르쳐 주거나 일깨워 주면 좋겠다.

'몸을 바르게 가지기로 합시다' 역시 너무 식상한 말 같다. 그러나 잘 살펴보면 요즘 사회에서 더욱 필요한 몸가짐이다. 해가 갈수록 어린이·청소년 척추 옆굽음증 환자들이 급증하고 있기 때문이다. 1980년대 한 교육 운동 단체(민주교육추진 전국초등교육자협의회)에서 교육당국에 강력하게 문제 제기를 해서 바꾼 것 가운데 하나가 책가방 무게를 줄이는 것이었다. 1987년에는 실천문학사에서 『내 무거운 책가방』이라는 제목으로 시집을 펴내어 사회에 충격을 주기도 했다. 시집 제목은 초등학교 5학년 어린이가 쓴 "내 몸집보다 무거운 가방을 들고 / 나는 오늘도 학교에 간다 / 성한 다리를 절룩거리며 / 무엇이 들었길래 그렇게 무겁니? // 아주 공갈 사회책 / 따지기만 하는 산수책 / 외기만 하는 자연책 / 부를 게 없는 음악책 / 꿈이 없는 국어책 // …(줄임)… // 얼마나 더 책가방이 무거워져야 / 얼마나 더 많은 것을 집어넣어야 / 나는 어른이 되나. 나는 어른이 되나"라는 시에서 따온 제목이다.

이 시는 어린이의 눈과 마음으로 당시 교육을 비판하는 시다. 그즈음 책가방 무게 때문에 어린이들이 바르게 걷지 못해서 척추 옆굽음증을 많이 일으켰다. 이런 문제 제기로 교육부에서 책가방 무게를 줄이기 위한 여러 가지 정책을 폈고, 그중 하나가 교실에 개인 소지품을 넣어둘 수 있는 사물함을 마련해 준 것이다. 30년이 지난 지금 보면 책가방 무게는 그나마 줄었다고 할 수 있다. 그런데도 2010년 이후 통계를 보면 오히려 척추 옆굽음증이 증가하고 있다. 더구나 척추 옆굽음증 환자 10명 중에 4, 5명이 18세 미만 어린이 환자라고 한다. 어떤 의사는 초등학교 어린이 중 20퍼센트가 척추 옆굽음증이라고 걱정한다. 책가방 무게는 줄었지만 다른 생활 요소들 때문에 어린이 등뼈가 휘고 있는 것이다.

요즘 어린이들 등뼈가 휘는 주요 원인으로 텔레비전, 컴퓨터, 스마트폰을 너무 자주, 또 오랫동안 하는 것을 꼽는다. 텔레비전을 볼 때 푹신한 긴 의자에 앉아 다리를 꼬고 오래 있거나 누워서 보게 되면 등뼈가 틀어진다고 한다. 컴퓨터를 할 때는 머리를 앞으로 빼고 어깨가 뒤로 빠지게 되기 때문에 등뼈가 뒤로 빠지게 된다. 엎드려 자면 목이 꺾이기 때문에 목과 허리가 어긋나게 된다. 이런 생활 변화 때문에 어린이 척추 옆굽음증이 늘어나는 것이다. 나아가 이런 자세에 대하여 부모와 교사들이 문제의식이 별로 없거나 알고 있어도 일상생활 자세가 된 경우가 많아서 바로잡으려 하지 않는다.

사람 등뼈가 휘거나 틀어지거나 비뚤어지면 몸과 마음에 해를 끼친다. 아토피나 알레르기성 비염이 발병하거나 심해질 수 있고, 정신

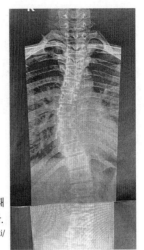

책가방 무게가 많이 줄어든 현재도 잘못된 자세와 습관 때
문에 척추 옆굽음증이 있는 어린이 환자는 증가하고 있다.
출처: 위키백과, ⓒKdm0503, https://commons.wikimedia.org/wiki/
File:Kdm0503_척추측만증.jpg, CC BY-SA 4.0

신경계에 변화를 일으켜서 과잉행동장애나 학습 장애, 난독증을 일
으키기도 한다. 요즘 초중등 학생 가운데서 과잉행동장애라고 볼 수
있는 어린이들이 급속히 늘어나고 있고, 읽기와 쓰기와 덧뺄셈 같은
기초 학습 능력 미달 학생이 늘어나고, 학습 장애로 어려움을 겪는 어
린이들이 늘어나는 것이 결코 우연이 아니다. 나아가 시각, 청각, 촉
각, 후각, 미각에 문제를 일으키기도 한다. 앞에 생기는 문제는 그나마
눈에 보이니까 치료나 교정을 할 수 있지만 오감이 변화를 일으킨 경
우에는 일반인의 눈에는 보이지 않고 본인도 알기 어렵기 때문에 더
심각한 결과를 초래할 수 있다.

척추 옆굽음증을 비롯해 이렇게 자세가 바르지 못해서 등뼈에 문

제가 생기는 경우는 성장기에 더 많이 발생한다고 한다. 특히 10세에서 14세 사이에 많이 발생하는데, 어릴 때 발견하면 치료가 쉽지만 18세 이상이 되면 치료가 어려워진다. 문제는 어린이의 자세를 세심하게 살펴보지 않으면 이 증세를 잘 발견할 수 없다는 점이다. 그래서 어린 시절을 지나 어른이 되어서야 통증이 오거나 합병증이 생기면 이미 돌이킬 수 없게 된다고 한다.

'몸을 바르게 가지기로 합시다'라는 말 속에는 이렇게 자세를 바르게 생활하자는 뜻도 있지만 도덕과 윤리라는 관점에서 몸가짐을 바르게 하자는 뜻도 포함하고 있다고 볼 수 있다. 이덕무가 쓴 앞 책에서도 "앉으면 반드시 기대앉고, 오래 앉아 있는 것을 견디지 못하고, 무릎을 흔들고 손을 잠시도 가만두지 못하며, 어른을 항시 피하고, 교만하고 거칠어서, 항시 높이 날고 멀리 달리려고만 하는 뜻을 가진 아이는 좋은 인재가 아니다. 만일 그런 버릇을 바로잡지 않으면, 후에 패악한 행동을 하지 아니할 자 적을 것이다."라고 하였다. 몸가짐을 바르게 하지 않으면 성격까지 거칠어져서 어른이 되면 패악한 행동을 한다는 것이다.

가정이나 학교와 사회에서 지식을 가르치기 전에 먼저 이런 문제를 살펴서 해결해 주어야 하고, 이런 일은 마땅히 나라에서 앞장서야 한다. 서울 용산구에서는 관내 초등학교 5학년 전체를 대상으로 척추 옆굽음증 검사를 실시한다고 한다. 다른 자치구와 나라에서도 본

받아야 할 일이다. 1세부터 18세까지 3년마다 한 번씩 검사해야 하고, 가정과 학교에서 몸을 바르게 해야 하는 까닭과 방법을 적극 가르쳐야 하고, 사회에서 몸을 바르게 하는 생활 문화를 만들어 가야 한다.

은혜

제4부

방정환과 어린이 해방운동, 그리고 100년

5세기 문예부흥은 신으로부터 인간 해방의 시작이고, 18세기 미국 독립혁명과 프랑스혁명은 시민 해방의 시작이고, 19세기 노동자운동은 노동 해방의 시작이고, 20세기 여성운동은 여성 해방의 시작이라고 할 수 있다. 인간 해방, 시민 해방, 노동자 해방, 여성 해방 다음으로 인류가 나갈 길은 세대 혁명, 곧 어린이 해방이다.

1. 어린이 해방 선언 정신을 왜 되살려야 하는가?

우리 겨레 어린이 해방운동 정신의 뿌리는 동학사상에 있다. 동학을 창시한 최제우가 모든 사람이 한울님이라고 선언했고, 따라서 사민공상과 남녀노소와 빈부격차에 관계없이 사람은 모두 평등하다고 했다. 동학 2대 교주 해월 최시형은 꼭 집어 "어린이를 때리는 것은 한울님을 때리는 것"이라며 "어린이를 때리지 말라"고 하였다. 방정환과 김기전이 시작한 천도교 어린이 해방운동은 이러한 사상에 그 뿌리를 두고 있다.

대부분의 사람들은 방정환이 '어린이날'을 만들고, '어린이'라는 말을 우리 사회에 널리 퍼지게 했다는 정도로만 알고 있다. 간혹 독립운동의 일환이라고까지는 인정하더라도 수십 년 동안 독립운동을 지속시킬 수 있었던 힘의 뿌리였다고는 잘 생각하지 못한다. 나아가 '어린이날'과 '어린이'라는 말이 지향하는 뜻이 '어린이 해방'이라는 건 더욱 모른다.

나는 1920년대 방정환과 김기전을 비롯한 그의 동지들이 지향했던 어린이 운동의 궁극적 목적은 '어린이 해방운동'이었다고 생각한다. 민족 해방과 독립운동은 어린이 해방 세상으로 가기 위한 필수 경로였기 때문에 겹쳤을 것이다. 그런 생각으로 그들은 1921년 5월 1일 천도교청년회 소년부를 천도교소년회로 독립시켜서 결성하고, 1922년 5월 1일 오전에는 천도교청년회를 중심으로 세계노동자의 날 기념식을 하고, 오후에 천도교소년회를 중심으로 제1회 천도교 어린이날을 마련했을 것이다. 나아가 1923년 4월 17일 조선소년운동협회를 만들었고, 그 조직으로 5월 1일에 제1회 어린이날 선언을 했을 것이다.

곧, 천도교소년회에서 1922년 5월 1일에 제1회 어린이날 선언을 하고, 1년 뒤인 1923년에는 다른 종교의 소년회와 지역 소년 단체까지 포함하는 어린이 해방운동을 펼쳐나가기 위해서 조선소년운동협회를 급조해서 제1회 어린이날로 다시 선언한 것이다. 그 결과 천도교에서 시작한 어린이 해방운동은 불교소년회, 기독교소년회, 각 지역 소년회와 함께 손을 잡고 펼쳐 나갈 수 있게 되었다. 실제로 1923년 제1회 어린이날 선언 이후 전국 곳곳에 소년회가 만들어지면서 조직이 확산되어 나갔다. 물론 동학과 천도교에 뿌리를 두지 않은 불교소년회나 기독교소년회, 지역 소년회를 지원하는 활동가들은 어린이 운동을 민족 해방과 독립운동의 부문운동으로만 생각했을 수 있다. 일본 육군사관학교를 26기로 졸업하고 중앙고보에서 체육을 가르치던 조철호는 독립전쟁에 나갈 독립군 양성을 위해 소년 운동에 참여했고, 그가 지도한 조선소년군(현재 한국보이스카웃)은 첩보 활동과 전투 훈련을 했다. 또 정홍교를 중심으로 하는 오월회에서는 사회주의 계급운동의 전위 부문운동으로 생각했다고 볼 수 있다. 이처럼 어린이 운동을 민족 해방과 노동자 해방운동으로 생각하는 사람들까지 넓혀서 연대하면서 어린이 해방운동이 급물살을 탔다.

어느 정도로 급물살을 탔는가를 어린이날 행사 때 배포하기 위해 제작한 선전지 분량으로도 짐작할 수 있다. 1923년 5월 1일 선전지를 20만 장 만들어 전국에 배포했다고 했는데, 1924년 2회 때는 35만 장을 만들어서 배포하였다고 한다. 1926년에는 100만 장을 만들어 놓았다가 4월 25일 융희황제(순종) 승하로 5월 1일 어린이날 행사를 할 수 없게 되어서 이미 찍어 놓은 걸 어떻게 하나 고민하는 기록이 남아 있다. 어린이날 선전지 제작 부수는 그만큼 배포가 가능한 조직이 있다는 걸 암시하기 때문에 그만큼 소년회 조직이 확산되었다는 걸 알 수 있다. 다만 방정환이 그렇게 대담하게 선전지를 대량으로 찍어서 전국에 배포할 수 있었던 것은 소년회 조직도 늘었지만 그 재정을 천도교에서 운영하던 개벽사에서 대부분 충당해 주었기 때문이다. 개벽사는 『어린이』 발간 처음부터 손실을 감당했는데, 『어린이』 잡지가 많이 팔릴수록 감당해야 할 손실액이 늘어나서 고민이었다. 어느 해인가는 2,000원이 넘게 적자였다. 1919년 보성사에서 밤에 3·1독립선언서를 찍다가 평소 악질로 알려진 담당 순사한테 걸렸는데, 그때 손병희가 5,000원이라는 거금을 주어서 입을 막았다고 한다. 그 종로경찰서 담당 순사는 보고하지 않고 도망갔다. 또 3·1독립선언에 참여하는 기독교를 지원하기 위해 손병희가 지원한 금액이 5,000원이나 되었다고 한다. 그러니 『어린이』지를 발행하기 위해 개벽사가 1년에 2,000원 넘게 감수했다면 결코 적지 않은 거금일 것이다. 그나마 『어린이』지는 개벽사에서 내는 여러 잡지 중에서 가장 잘 팔리는 잡지였는데도 그랬다. 가난한 시골 어린이들까지 널리 볼 수 있도록 값을 싸게 정한 게 가장 큰 원인이었다. 일제의 탄압에도 불구하고 1920년대 어린이 해방운동이 이렇게 빠르게 성장한 데에는 동학사상과 천도교 조직과 개벽사의 재정 지원, 방정환과 김기전이라는 탁월한 지도자가 서로 굳게 믿고 함께했기 때문이다.

1920년대 어린이 해방운동이 일어난 계기가 된 또 하나의 뿌리가 3·1독립만세운동이다. 당시 상황을 보면 1919년 3월 1일, 독립선언서에 서명한 민족대표 33인은 선언서 낭독 후에 일경에 잡혀갔지만 전문학교와 중등학교(고보, 중학)의 어린 학생들이 탑골공원에서 독립선언서를 낭독하고 시위를 이끌었다. 그리고 3월 2일 인천의 보통학교 어린이들이 주도한 만세운동을 시작으로 전국 곳곳에서 보통학교 어린이들도 단체로 만세운동에 앞장섰다. 3월 마지막 주일에 전국 곳곳에서 만세운동이 가장 활발하게 일어났던 이면을 보면 당시 보통학교 졸업식이 있던 주일이다. 보통학교 졸업식 때 대표가 답사 대신에 독립선언서를 읽고 품에 숨겼던 태극기를 꺼내 만세를 부르며 시가행진으로 나간 사례가 많다. 일제가 중등학교는 휴교령을 내렸는데 보통학교는 방심하고 있었던 것이다. 그런데 휴교령으로 학교에서 쫓겨난 학생들이 지방으로 내려가 독립선언서를 전달하고 태극기를 만들어 장터에서 만세운동이 일어난 곳이 많았다.

유관순의 사례에서 알 수 있듯이 그 학생들이 대개 17세 이하 '어린이'들이었다. 이처럼 3·1독립만세운동에는 연령과 계급과 지역을 넘어서 수많은 사람들이 참여했는데, 특히 17세 이하 소년소녀(어린이)들이 앞장서 참여하고 이끌어 나갔다. 이 모습을 본 많은 어른들이 부끄러움과 감동을 느꼈을 것이고, 어린이에게 희망을 거는 사회 인식이 격동하였다. 실제로 윤봉길을 비롯한 1930년대 독립운동가 상당수가 3·1독립만세운동에 참여하거나 지켜보면서 의식의 전환이 일어났다고 밝히고 있다. 독립군이 '압록강 행진곡' 같은 군가 말고 가장 많이 부르던 노래에 '고향의 봄', '오빠 생각', '반달'이 들어갔다고 한다.[1] 이런 노래들은 어린이 운동 과정에서 만든 것이고, 소년회를 통해서 보급했던 노래들이다. 따라서 소년회 출신들이 훗날 독립군으로 상당히 많이 갔을 것으로 추정할 수 있고, 명동기독소년회를 만들

---

1 황선열, 『독립군 노래 이야기』, 현북스, 2018.

어 활동했던 윤동주 사촌 송몽규도 그를 지도했던 교사들을 통해서 대한민국임시정부 남경군관학교까지 간다. 당시의 어린이날 노래도 사실 독립군가 '압록강 행진곡'의 곡에 가사만 바꿔 붙인 것이었다.

독립전쟁 기간(일제강점기) 국내 3대 독립운동 중 하나로 꼽히는 6·10독립만세운동도 17세 이하 학생들이 앞장선 것이었다. 6월 10일 순종 인산일에 어른들이 준비했던 6·10만세운동은 탄로 나서 실패했지만 학생들이 준비하던 독립만세운동은 성공해서 전국으로 전파되었고, 수천 명이 참여하였다. 이때 중앙고보와 중동학교 학생들이 앞장섰는데, 그 배후로 조철호가 연행되어서 고문을 당하고 수감 생활을 했다. 조철호는 1922년부터 어린이 운동에 참여했고, 조선소년군 총사령관을 맡았던 이다. 이렇듯 3·1독립만세운동과 마찬가지로 6·10만세운동도 어린 학생들이 앞장서 이끌어 갔던 것임을 알 수 있다. 이처럼 어린이 해방 깃발을 내건 소년회 활동은 1920년대 어린이들을 우리 사회 변혁과 독립운동에 스스로 참여하는 중요한 주체로 등장시키는 길이 되었다. 어린이들이 스스로 주체가 되는 소년회 활동을 통해서 힘과 용기와 일머리를 키운 소년(남녀)들이 주도하는 민족 해방운동과 어린이 해방운동이 전국으로 퍼져나갔다.

소년회는 종류가 다양했다. 우선 천도교소년회, 기독교소년회, 불교소년회처럼 종교에 기반을 둔 소년회와 진주소년회, 화성소년회, 원산소년회처럼 지역에 기반을 둔 소년회가 있었다. 또는 무산자소년회나 소년척후단처럼 계급운동이나 무장독립투쟁을 목적으로 하는 소년회도 있었다. 생겼다가 금방 사라지는 소년회도 있었고, 김해나 밀양처럼 계속 분화하면서 발전해 가는 소년회도 있었다. 의열단 주요 단원들이 주로 밀양이나 김해 지역에서 배출된 까닭도 그 지역 소년회 활동과 무관하다고 할 수 없다.

소년회 회원은 보통 30~40명, 많은 곳은 언양소년회처럼 200~300명까지 되는 곳도 있었다. 마산 신화소년회 사례에서 볼 수 있듯이 10세 전후 어린이들이 주체가 되어 만들고, 지역 어린이 운동가들이 안내자나 후원자를 맡았다. 당시 신문이나 잡지에 결성이나 활동 사례 기사가 나온 소년회만도 500여 개에 이른다. 신문이나 잡지에 소개되지 못한 소년회도 많았을 것이다. 소년회는 어린이들이 스스로 배우고 익히는 자치 활동 중심으로 운영하였다. 주로 놀이, 체육, 토론, 책 읽기와 글쓰기, 한글 보급, 동화 구연과 연극 발표를 비롯한 문화 예술 활동을 하였다. 가극 발표회를 많이 했는데, 노래와 춤과 이야기를 종합한 연극을 선호했다고 볼 수 있다. 1927년 천도교청년당 정세보고서에 따르면 천도교소년회 회원이 3만 명이었다.[2] 1921년 5월 1일

---

2 박길수, 「천도교소년회 초기 활동 연구」, 『천도교소년회 창립 100주년 기념 신춘 방정환학술포럼 자료집』, (사)방정환연구소/천도교청년회, 2021.2.18, 65쪽.

부터 강제로 해산당한 1937년 9월 3일까지[3] 참가한 연인원을 추정한다면 수십 만에서 수백 만에 이를지도 모른다.

3·1대혁명은 '어린이혁명'이다

우리는 3·1독립만세운동을 통해 우리 겨레 수천 년 역사에서 최초로 민주공화국을 정치체제로 하는 대한민국을 세웠다. 1919년 4월 10일 상해에서 임시의정원 회의를 개최하고, 4월 11일 임시헌장을 제정해서 임시정부를 수립하였고, 4월 13일 대한민국임시정부 수립 축하식을 열어 세계에 알렸다. 이렇듯 대한제국이라는 군주 국가 체제를 버리고 대한민국이라는 민주제 국가 체제로 바꾼 시민혁명 성격을 갖고 있기 때문에 대한민국임시정부에서는 3·1운동을 3·1혁명 또는 3·1대혁명이라고 불렀다. 이를 기점으로 국외에서는 독립군을 만들어 독립전쟁을 시작했고, 국내에서는 각종 사회운동이 일어났다. 노동운동과 농민운동과 여성운동이 일어나기 시작했고, 이런 시기에 맞춰 천도교에서는 김기전과 방정환을 중심으로 어린이 해방운동이 크게 일어났던 것이다.

3·1대혁명을 계기로 천도교는 물론 각 종교 단체와 지역 활동가들

---

3 김정의. 한국소년운동사, 민족문화사, 1992. 226쪽.

초창기 어린이날 노래, 소춘 김기전 이 쓴 가사를 당시 유행하던 '야구가'의 곡조로 불렀다.

사이에서 어린이를 새롭게 보게 되었고, 어른보다 더 앞장서 나가는 독립된 사람으로 존중하는 사회 인식이 확장되었으며, 이런 인식을 바탕으로 어린이 해방운동이 힘을 받으면서 발전하였다.

앞에서 말했듯이 3·1독립만세운동은 일제 식민통치에 대한 항쟁이라는 의미도 있지만 그에 못지않게 광무황제(고종)의 승하를 계기로 우리 민족의 손으로 대한제국이라는 군주제 국가를 대한민국이라는 민주제 국가로 체제를 바꾸어 새로 세웠다는 데 더 큰 의의가 있다. 형식적으로 대한제국은 1910년 8월 29일 일본제국에 강제 병합되면서 끝났지만, 정신적 대한제국은 광무황제(고종)가 승하하면서 끝났던 것이다. 이렇듯 군주제를 버리고 민주공화국을 탄생시킨 '3·1대혁명'에 18세 미만 어린이들이 대거 참여했으며 어른들보다 앞에 섰다.

당시 어른들을 얼마나 부끄럽게 하고, 천지개벽하는 감동을 느끼게 한 일이었을지 짐작할 수 있다. 이 때문에 나는 3·1혁명을 '어린이혁명'으로 불러야 한다고 주장한다.

대한민국은 이렇게 어린이혁명으로 태어난 나라다. 3·1혁명 후 국내 어른들이 숨죽이고 있을 때인 1921년 진주소년회가 일어나 만세운동을 재현하고, 융희황제(순종) 장례를 계기로 일어난 1926년 6·10 만세운동도 온전히 18세 이하 어린이들이 앞장서 일으킨 독립운동이다. 일본인 학생과 일본 경찰의 횡포에 맞서 광주학생의거가 일어나고 전국으로 확산되는 힘의 바탕도 1920년대부터 1930년대까지 방정환과 그 동지들이 일으킨 소년회와 어린이 해방운동이라고 할 수 있다. 이러한 어린이 해방운동은 다른 나라에서는 찾아보기 어려운, 우리 겨레 역사의 독특한 사례라고 할 수 있다.

방정환과 뜻을 같이 했던 어린이 해방운동가들은 사회주의 계열의 주도권 쟁탈로 일어난 내분, 조선총독부의 끈질기고 악랄한 탄압과 분열 공작을 겪다가 1937년 제15회 어린이날 기념식을 마지막으로 지하운동으로 숨어들었다. 조선총독부는 소년회를 강제로 해체하면서 어용 어린이단체인 건아단을 만들어 식민지 정책을 찬양하는 도구로 삼았다. 해방 후 미국과 소련이 한반도에 해방군으로 진주하면서 국토가 분단되었고, 6·25전란을 통과하면서 어린이 해방운동가들 상당수가 남과 북 양쪽으로부터 학살당하거나 숙청당했다. 그럼에도

18세 이하 어린이들이 억압으로부터 해방되어야 한다는 정신은 면면히 이어져 내려와 이승만과 자유당 독재에 항거한 4·19혁명에도 18세 이하 어린이들이 앞장섰다. 이렇듯 우리 겨레 역사에서 중요한 사회변혁의 분기점이 되는 3·1혁명과 4·19혁명은 18세 이하 어린이들이 앞장선 어린이 혁명이었고, 그 뿌리를 방정환과 동지들이 함께한 어린이 해방운동에서 찾을 수 있다.

방정환과 어린이 해방운동의 정신이 필요한 시대

그런데 1961년 5·16군사반란 이후 방정환과 어린이 해방운동 정신이 억압되거나 왜곡되기 시작했다. 5·16군사반란으로 정권을 잡은 독재자들이 사회 전체를 장악하면서 '어린이는 아직 어른이 되지 못한 덜 자란 미숙한 사람'이라는 전 근대적 인식이 확산되고, '함부로 부려먹어도 좋은 어른보다 훨씬 값싼 노동자'라는 자본주의의 천박한 의식이 결합되면서 '어른이 되기 전에는 모든 인격과 인권을 유보해야 하는 국가와 부모의 물적 소유물'로 다시 퇴화되기 시작했다고 볼 수 있다. 그 단적인 사례가 '어린이날 선언문'이다. 1960년대 초까지만 해도 어린이날이면 이 선언문을 낭독하였는데, 제3공화국 이후 어린이날 행사 때 이 선언문을 낭독하는 것을 찾아보기 어렵게 되었고, 1970년대에는 아예 사라졌다.

1961년 18세 이하 어린이, 청소년을 대상으로 하는 어린이복지법을 만들면서 '어린이복지법'이라고 하지 않고 '아동복지법'이라고 하였는데, 법에는 어린이가 누려야 할 기본 권리를 명시하기보다는 보호만 강조하였다. 1963년 헌법 개정 때는 "교육의 정치적 중립성은 보장되어야 한다."는 조항을 새로 넣었다. 정치적 중립성은 교사들의 자주성과 전문성을 정치권력이 침해하지 못하도록 하는 것이 중심이 되어야 하는데, 실제로는 초중고 교사와 학생들의 참정권을 제한하고, 민주시민교육에서 가장 중요한 정치교육을 못 하게 하고, 심지어 초중고 교사와 학생들이 선거공보 후보의 선거공약을 놓고 비교 검토나 토론하는 것조차 법으로 금지하였다.

학교에서의 정치교육은 1905년 을사늑약으로 대한제국에서 일제가 통감정치를 하면서 금지되기 시작되었고, 조선총독부에서부터 엄격하게 금지되었다. 그래서 독립운동가들이 이에 대항하는 사립학교를 곳곳에 세워 몰래 정치교육을 했던 것이고, 방정환은 이러한 식민지 노예 교육에 맞서기 위해 종교 단체와 지역사회 중심으로 소년회를 조직했다. 소년회에서 가장 주력했던 활동 가운데 하나가 매주 다양한 주제를 놓고 진행하는 찬반 토론회, 연설회 같은 것이었다. 미군정하에서는 물론이고 자유당 독재정치 때에도 초중고 교사들이 정당에 가입했고, 선거에도 참여할 수 있었다. 또 민주시민교육의 하나로 학생회와 다양한 자치 활동을 했다. 그런데 5·16군사반란으로 정권을 잡은 제3공화국에서는 헌법과 각종 법으로 18세 이하 초중고 어린이들이 누려야 할 권리, 사회적 동물이라고까지 말하는 인간과 민주공화국 국민이 누려야 시민으로서의 기본 권리를 박탈하였던 것이다. 이 때문에 18세 이하 어린이, 청소년들은 학교에서 대부분의 정치적, 사회적 권리를 유보당하고, 오직 입시 중심의 교육에서 수단과 방법을 가리지 않는 경쟁에 내몰리며 '공부하는 짐승'으로 대우받게 되었으며, 학교 밖에서는 산업화 과정에서 값싼 노동력을 제공하는 기계보다 못한 인적 자원으로만 취급받게 되었던 것이다.

이제 대한민국이 참된 민주공화국으로 나가려면 방정환과 어린이 해방운동 정신에 주목해야 한다. 어린이들을 어른에 속한, 미숙하고 어리석어 보호만 받아야 할 작은 사람, 가정과 국가의 물적 자원으로 취급하면서 억압하고 착취하는 사회, 그러한 미개한 의식 수준에서 벗어나야 하는데, 그 길은 100여 년 전 방정환과 그 동지들이 밝혀 준 어린이 해방운동을 다시 이 시대에 불러내서 계승하고 발전시키는 데 있다. 어린이 그들이 '한 사람'의 온전한 민주시민으로 자리매김할 수 있는 사회를 창조하는 일이다.

인류 역사를 해방을 확장하는 역사로 본다면 근현대사는 인류가 해방 범위와 수준을 높이기 위한 투쟁사라고 할 수 있다. 15세기 문예부흥은 신으로부터의 인간 해방, 18세기 미국 독립혁명과 프랑스혁명은 시민 해방, 19세기 노동자운동은 노동 해방, 20세기 여성운동은 여성 해방의 시작이라고 할 수 있다. 인간 해방, 시민 해방, 노동자 해방,

여성 해방 다음으로 인류가 나갈 길은 세대 혁명, 곧 어린이 해방이다. 어린이와 젊은이와 늙은이 모두가 평등하고 자유롭고 평화로운 삶을 누리는 세상을 위해서.

2. 몇 살까지를 '어린이'로 불러야 할까?

어린이는 몇 살부터 몇 살까지일까? 초등학교 6학년까지인가? 요즘은 어린이집이 있으니까 어린이집 다니는 나이(7세 이전)인가? 어린이와 아동은 같은 말일까 다른 말일까? '아이'라는 말과 '어린이'라는 말은 둘 다 '~이'라는 높임말을 썼으니 같이 써도 될까? 아이는 조금 더 나이가 많고 어린이는 아이보다 조금 더 나이가 적은 사람인가? 아동과 아이는 같은 말일까 다른 말일까? 소녀와 소년은 아동인가 청소년인가? 아동과 미성년은 같은 말인가? 참으로 구구하고 혼란스럽다. 어린이들 삶이 혼란스럽고 어려울 때니까 이렇게 어린이를 가리키는 말도 구구하고 혼란스러운가 보다.

어린이가 되었어요

어릴 때 내 별명은
아기였어요

지금 별명은 어린이예요

어린이가 되고 나서

싫어하던 바나나도 좋아졌고

그림도 잘 그릴 수 있고

옷도 혼자 벗을 수 있어요.

별명이 바뀌면

할 수 있는 것이 많아지나 봐요.

- 명덕초등학교 1학년 한서연

이 어린이는 아기라고 불리다가 어린이라고 불리게 된 것에 무척 큰 자부심을 느끼고 있다. 어린이라고 부르면 무언가 의젓해져야 한다는 생각이 드는가 보다. 내가 처음 초등학교 교사가 되었을 때인 1977년 무렵에는 학교에서 어린이라는 말을 많이 썼다. 6학년들 보고 어린이라고 해도 누구도 어색해하지 않았다. 그런데 요즘 초등학교로 작가와의 대화를 하러 가서 5, 6학년한테 "어린이 여러분들이~"라고 말하면 당황스러워 하는 기색이 보인다. 그러면 먼저 어린이라는 말이 담고 있는 뜻과 역사를 이야기해 준다.

"여러분은 혹시 방정환 선생님을 아시나요? (대부분 어린이들이 어린이날을 만든 분으로 안 다고 합니다.) 바로 여러분이 알고 있는 것처럼 어린이날을 만들고, '어린이'라는 말을 우리 역사에서 널리 쓰일 수 있도록 해 주신 분입니다. 방정환 선생님은 사람이 살아가는 한평생을 '어린이, 젊은 이, 늙은이' 셋으로 나누어 보기 위해 만든 말입니다. '~이'라는 높임말을 똑같이 붙여서 만든 말이지요. 왜 어린애나 어린놈이 아니라 어린이라고 했을까요? 그건 어린 사람도 젊은 사람이나 늙은 사람하고 평등한 인권을 가진 사람이라는 뜻을 쉽게 널리 알리기 위해서였습니다. 한 걸음 더 나아가 방정환 선생님은 어린이가 젊은이나 늙은이보다 더 위에 있고 앞에 가는 사람이라고 했습니다. 어른이 뿌리라면 어린이는 나뭇잎이라고도 했습니다. 그런데 뿌리가 위로 올라가고 나뭇잎이 땅속으로 들어가게 하면 그 나무는 죽는다고 하면서 어린이를 귀하게 대해야 한다고 했습니다. 역사를 돌아보면 어른이 앞에 있고 어린이가 뒤에 있지만 역사를 앞으로 보면 어른보다 어린이가 10년, 20년 앞서간다고도 했습니다. 뒤로 돌아보는 역사는 후퇴하는 역사고 앞으로 내다보는 역사는 전진하는 역사가 되니 어른을 보지 말고 어린이를 보면서 앞으로 나아가야 역사가 발전한다고 했습니다. 어른은 도저히 어린이를 앞설 수가 없고, 앞에 가는 사람을 뒤에 가는 사람이 밀어 주면 더 편하게 잘 가고, 어른이 뒤에서 잡아끌면 어린이들이 앞으로 못 간다고 했습니다. 그리고 방정환 선생님은 18세 미만, 곧 17세까지를 이런 뜻의 어린이라고 했습니다. 우리나라 법으로도 18세 이하를 아동, 곧 어린이라고 합니다. 그래서 저는 여러분을 어린이라고 부르는 것입니다."

10년 전에 부천에 있는 공동육아협동조합에서 만든 대안학교 '산 어린이 학교' 선생님이 전화를 하셨다. 처음에는 초등학교 1, 2학년부터 시작하면서 학생들하고 의논해서 '산 어린이 학교'라고 이름을 지었는데 몇 년 지나자 중학교 갈 학생들이이 생겼다. 그래서 중학교도 만들었다고 한다. 중학생들이 어린이 학교라고 하니까 이상하다면서 학교 이름을 바꾸자는 의견을 냈는데 어떻게 하면 좋겠는가 물었다. 그래서 학생들한테 먼저 충분한 자료를 주고 의논하게 하고, 그래도 학생들이 결정을 하면 결정한 대로 따라가야 한다고 도움말을 드렸다.

"방정환 선생님과 함께 어린이 해방운동을 하던 당시 어른들이 이렇게 어린이라는 높임말을 쓴 까닭은 3·1독립만세 운동과도 관계가 있습니다. 당시 어른들인 민족 대표 33인은 식당에서 독립선언문을 읽고 일본 경찰에 전화해서 자수하고 다 잡혀갔는데, 어린 학생들은 파고다 공원에 모여서 앞장서 만세를 불렀습니다. 시내에서도 어린 사람들이 앞장섰고, 학교가 문을 닫자 고향에 가서도 유관순처럼 어린 학생들이 앞장섰다는 건 알고 있겠지요? 그 모습을 보고 감동해서 그동안 써 오던 '애놈'이니 '애들 녀석'이니 하는 낮춤말을 버리고 어린이라고 높여 부르자고 한 것이랍니다. 그 어린 학생들은 지금으로 치면 초등학생부

4·19혁명 때 광화문에 나온 서울수송초등학교 어린이들. 4·19혁명 때 사진을 보면 계엄군 탱크에 어린이들이 올라가 있고, 수원이나 부산을 비롯한 여러 지역 사진에 어린이들이 어른들 앞에 있거나 어른들과 함께 시위하는 모습을 쉽게 찾을 수 있다.

터 고등학교 2학년까지입니다. 18세 이하를 어린이라고 부른 것이니까요. 그 어린이들이 6·10만세운동도 하고, 광주학생의거도 일으켰고 4·19혁명에도 앞장섰습니다. 그런 자랑스러운 어린이라는 말을 잘 살려 쓰면 좋겠습니다."

이렇게 이야기를 해 주고 의논해 보라고 했더니 얼마 뒤 오랜 토론 끝에 중학생들이 스스로 '산 어린이 학교'라는 이름을 그대로 쓰기로 했다는 연락을 해 왔다. 중학생들도 '어린이'라는 말에 담긴 뜻과 역사를 듣고 '어린이'란 말에 자부심을 느끼게 되었던 것이다. 그런데 아쉽게도 몇 해 전에 학생들 전체 토론에서 토론한 결과 '산 학교'로 바꾸기로 했다는 소식을 들었다. 우리 사회에서 어린이라는 말이 살아남기가 이처럼 어려워지고 있다.

앞글에서 5·16군사반란으로 정권을 잡은 박정희 독재정권이 '어린이복지법'이 아니라 '아동복지법'이라고 만들고 '아동이란 18살 미만인 사람을 말한다'라고 규정해 놓았다는 것은 밝혔다. 우리나라 법을 조금 더 살펴보면, 민법에서는 19세에 이르지 못한 사람은 '미성년'이라고 해서 18세까지를 아동으로 규정해 놓았다. 또 2004년 청소년진흥법을 만들 때는 청소년을 9살에서 24살까지라고 규정해 놓았다. 그런데 '아동·청소년의 성보호에 관한 법률'에서 '청소년은 19세 미만인 자(다만 19세에 도달하는 연도의 1월 1일을 맞이한 자는 제외)이다'라고 규정해 놓았다. '소년법'에서의 소년은 19세 미만인 사람을 말한다. '영유아보육법'에서 영유아는 6세 미만의 취학 전 아동을 말하고, '유아교육법'의 유아는 만 3세부터 초등학교 취학 전까지의 어린이를 말하며, '초·중등교육법'이 정하는 유치원, 초·중·고등학교를 다니는 사람을 학생이라고 한다. '도로교통법'은 어린이 통학버스를 이용하는 사람으로서 13세 미만인 사람을 '어린이'라고 정하고 있다. 법이 이렇게 복잡하고 어수선하게 어린이를 누더기처럼 쪼개고 이런 말 저런 말로 나누어 놓았다. 이것이 현재 '어린이'들이 처한 현실이다.

이렇게 어린이에 대한 법률 용어와 개념이 혼란스럽다 보니 어린이를 담당하는 정부 관할 부처와 지방자치단체 담당부서도 뒤죽박죽 혼란스럽다. 방정환 어린이 운동 시기에는 만 18세 이하면 소년회 회원에 가입할 수 있었다. 곧 18세 이하 소년(남녀)을 어린이라고 보았던 것이다. 이 글에서 필자는 만 17세까지를 어린이로 본다. 나도 2019년까지는 18세 이하를 어린이라고 해야 한다고 하였는데, 2020년 들어서는 17세까지를 어린이라고 하는 것이 좋겠다고 생각하게 되어서다. 그렇게 생각이 바뀐 것은 2019년 선거법 개정으로 만 18세부터 선거권을 갖게 되었고, 2020년 20대 국회의원 총선부터 선거에 참여할 수 있게 되었기 때문이다. 나는 헌법에 따라 모든 국민에게, 곧 모든 어린이들에게도 그에 알맞은 방법으로 선거권 행사할 수 있는 권리를 회복시켜야 한다고 생각한다. 따라서 꼭 선거권을 기준으로 하자는 뜻은 아니다. 우리 조상들 식으로 생각하면 '어린이'라는 말은 태아(엄마 배 속 아기)→영아(아가, 3살까지)→유아(아기, 초등학교 들어가기 전까지)→아동(어린이, 13세까지)→청소년 중에서 만 17세까지를 어린이로 보는 것이 좋겠다고 생각한다.

법적인 용어 규정이 혼란스러워서 요즘은 '국립어린이청소년도서관, 부산국제어린이청소년영화제, 어린이청소년작가연대. 어린이청소년이 행복한 서울 선언'처럼 '어린이청소년'이라는 복합어로 쓰는 경우가 늘어나고 있다. 지방자치단체에서 아직 흔히 쓰고 있는 '아동청소년과'보다는 그래도 한 걸음 앞서 나가는 말이라고 할 수 있다.

그러나 '어린이'라는 말이 담고 있는 정신과 역사를 생각할 때 청소년도 떼어 버리고 당당하게 17세까지를 '어린이'라고 다시 선언할 수 있는 사회가 되면 좋겠다. '어린이'라는 말에 담긴 정신과 역사를 알면 누구나 '어린이'라고 부르는 소리가 당당하고 정겹게 들릴 것이다. 방정환 선생님 말씀처럼 씩씩하고 당당한 어린이가 점점 늘어나 스스로 역사를 헤치면서 앞으로 나갈 것이다. 이오덕 선생님 말처럼 어린이에게 배울 수 있는 어른들이 많아질수록 그런 사회가 더 빨리 올 것 같다. 그런 사회를 앞당기기 위해서는 뒤죽박죽 혼란스러운 법률 용어를 재정리하고, 법 이름부터 바꿔야 한다.

3. 세계 어린이 권리 선언들은 어떻게 발전해 왔을까?

세계 여러 나라가 함께 어린이 권리를 담아서 처음 내놓은 선언문은 1924년 9월 26일 국제연맹에서 발표한 〈어린이 권리에 관한 선언(Declaration of the Rights of the Child)〉이라고 할 수 있다. 국제연맹 제네바 총회에서 승인한 선언이라고 해서 '제네바 선언(Geneva Declaration)'이라고도 한다. 이 선언문은 영국 사회운동가인 에글렌타인 젭(Eglantyne Jebb)이 써서 발표하였다. 이를 1923년 국제어린이구호협회(International Save the Children Union)에서 채택하였고, 1924년 국제연맹에서 승인하였다. 5개 조항으로 그 내용은 다음과 같다.[1]

어린이 권리에 관한 선언(1923)

1. 어린이가 제대로 자라기 위해 필요한 수단(물질과 정신)을 모두 제공

---

1   나종일, 『자유와 평등의 인권선언 문서집』, 한울, 2012, 1047쪽.

해 주어야 한다.

2. 배고픈 어린이는 먹을 수 있어야 하고, 아픈 어린이는 보살핌을 받을 수 있어야 하고, 뒤떨어진 어린이는 도움을 받을 수 있어야 하고, 범죄에 빠진 어린이는 재활받을 수 있어야 하고, 고아나 떠돌이는 도움과 있을 곳을 제공받아야 한다.

3. 어린이는 위급할 때 가장 먼저 구조받아야 한다.

4. 어린이는 생계를 유지할 수 있어야 하고, 어떤 착취로부터도 보호받아야 한다.

5. 어린이는 자신이 갖고 있는 재주와 능력은 모든 사람들을 위해 써야 한다는 의식 속에서 자라야 한다.

어린이들이 태어나면서 갖고 있는 권리가 어떤 것이며, 그 권리를 위해서 어른들이 어떻게 해야 한다는 것을 담아낸 선언문이다. 인류 역사에서 어린이를 위한 이러한 선언문이 나오기까지 오랜 시간이 걸렸고, 많은 사람들이 노력하였다. 인류는 오랫동안 어린이를 다음 사회에 필요한 자원으로만 보았다. 원시사회에서는 허약하거나 장애가 있는 아기는 처음부터 버려지거나 살해되기 일쑤였다. 원시공동체를 위한 건강한 일꾼이나 전사가 될 수 있어야 먹여 주고 재워 주고 길러 줄 필요성을 부여받을 수 있었기 때문이다. 부계사회에서는 부모가 소유하는 재산이었고, 앞으로 자라서 사람이 될 '무엇'이었다.

어른과 같은 독립된 인격체인 '한 사람'으로 보지 않았고, 그런 의식은 아직도 우리 사회 내면에 뿌리 깊게 박혀 있다.

서양에서는 17~18세기에 인간의 이성과 자유와 권리를 중요하게 생각하는 계몽사상이 발전하면서 어린이 자유와 권리에 대한 주장이 나타나기 시작했다. 프랑스 계몽주의 선구자인 장 자크 루소(Jean Jacques Rousseau)는 1762년 네델란드에서 출판한 『사회계약론』에서 "인간은 자유로운 존재로 태어났다."면서 인간의 자유와 평등을 선언하였고, 어린이에 대해서는 "어린이는 인간으로, 그리고 자유인으로 태어났다."고 주장하였다. 그러나 다른 계몽주의자들까지 모두 어린이를 '한 사람'이면서 '어른과 똑같은 자유롭고 평등하고 독립된 존재'로 보는 것은 아니었다. 대부분의 계몽주의자들은 아직 어린이가 자유인으로 태어난 것을 인정하지 못했다. 19세기를 대표하는 공리주의자이자 부인과 함께 여성단체 결성에 참여하여 여성이 누려야 할 권리에 대해 앞선 주장을 폈던 존 스튜어트 밀(John Stuart Mill)조차도 어린이들이 태어나면서부터 누려야 할 권리를 인정하지 않았다.

다만 자본주의 사회체제가 진전되면서 어린이들도 집안일이나 도제 노동을 하던 데서 벗어나 공장 노동을 담당하게 되었다. 값싼 노동력을 요구하는 자본주의 사회에서 여성과 어린이는 가장 손쉽게 부려 먹을 수 있는 값싼 노동자였기 때문이다. 여자와 어린 노동자들은

1920년대 야누시 코르차크가 운영하던 Nasz Dom 고아원의 직원과 아이들
출처: 위키백과, Public Domain

방직공장에 특히 많았다. 영국 의회는 방직공장에서 혹사당하고 착취당하는 어린이들을 보호하기 위해 1802년 공장법을 만들어 9세부터 13세까지는 하루 8시간, 14세부터 18세까지는 하루 12시간으로 노동시간을 제한하였다. 9세 미만은 고용 노동을 금지시키고 이들에게는 기초교육을 받도록 하였다. 그러나 제대로 감독하지는 않았기 때문에 공장 대부분이 이를 무시하였다.

어린이를 '한 사람'으로 인식하면서 그들의 자유와 권리를 찾아 주려는 운동이 일어난 것은 20세기 들어서면서부터다. 20세기 들어 어린이 권리를 주장한 사람들 가운데서 가장 주목받은 사람은 스웨덴의 엘렌 케이(Ellen Karolina Sofia Key)다. 엘렌 케이는 진보 사상가면서 교육자였다. 집안은 대대로 루소를 숭배하였고, 아버지는 급진파 정치인으로 국무장관까지 하였다. 민중 대학이라고 할 수 있는 노동자 기관에서 문화사를 강의하였고, 1900년에 스웨덴에서 『어린이의 세기』를 출간하였다. 이 책은 2년 후에 독일에서 'Das Jahrhundert des Kindes (어린이의 세기)'라는 제목으로 출판되었고, 이를 계기로 국제사회에서 여성 작가로서 주목받게 되었다. 이 책에서 그는 20세기에는 어린이들이 정치개혁의 초점이 되어야 하고, 사회 안에서 어린이들이 각자에게 맞는 좋은 가정과 교육을 누릴 권리를 가져야 한다고 하였다. 또 앞으로 그런 사회가 될 것이라고 내다보았다.[2] 스웨덴은 20세기 세계에서 가장 먼저 가정과 학교에서의 어린이 체벌을 법으로 금지하였고, 어린이들이 좋은 가정과 학교에서 자신에게 맞는 교육을 받을 권리를 가장 폭넓고 깊이 있게 보장하는 나라가 되었다.

20세기 어린이 권리 운동에서 폴란드의 야누시 코르차크(Janusz Korczak)가 많은 영감과 실천력을 보여 주었다. 그는 의사였는데 제1차 세계대전에 군의관으로 참전했다가 돌아와서 전쟁고아들을 위한 고아원을 만들었고, 어린이 교육과 권리를 주장하는 글을 썼다. "어린이들은 우리가 조종할 수 있는 인형이 아닙니다. 어린이들을 있는 그대로 받아들이면서 교육해야 합니다. 그래야만 어린이들이 발전할

---

2   정혜영, 『엘렌 케이』, 커뮤니케이션북스, 2018.

수 있습니다.", "어린이는 미래를 살 사람이 아니라 오늘을 사는 사람입니다.", "어린이는 '언젠가는', '지금이 아닌', '내일'의 사람이 아닙니다. 이들은 지금 여기, 오늘 이미 존재하고 있는 이들입니다.", "어린이를 대할 때는 진지하게, 부드러움과 존경을 담아야 합니다." 같은 말에 어린이에 대한 그의 생각이 잘 나타나 있고, 여기에 많은 사람들이 공감하였다. 1942년 그가 가르치던 아이들 192명, 동료 교사 10명과 함께 노래를 부르며 마지막 행진을 하면서 가스실로 들어가 죽은 사건에 많은 사람들이 충격과 깨우침을 받았다.[3]

그런 역사가 힘이 되어 제2차 세계대전이 끝나고 유엔이 구성되면서 세계 어린이 권리 운동은 다시 폭넓게 펼쳐졌고, 1959년 11월 20일 세계 78개국 대표가 참여하는 유엔 총회에서 만장일치로 〈어린이 권리 선언(Declaration of the Rights of the Child)〉이 채택되었다. 1959년 '유엔 어린이 권리 선언'은 '인류는 자신이 줄 수 있는 최선의 것을 어린이에게 주어야 하므로' 이를 위하여 어린이 권리를 인정하는 10개 원칙을 각국 정부가 준수하도록 요청하였다. 그 10개 원칙의 핵심은 다음과 같다.[4]

---

3   베티 진 리프턴, 홍한결 역, 『아이들의 왕 야누시 코르차크』, 양철북, 2020.
4   나종일, 『자유와 평등의 인권선언 문서집』, 한울, 2012, 1033쪽.

원칙 1. 어린이는 이 선언에 제시된 모든 권리를 누려야 한다. 모든 어린이는 어떤 예외도 없이 어떤 이유로도 구별이나 차별을 받지 않고 이런 권리를 누릴 자격이 있다.

원칙 2. 어린이는 특별한 보호를 받으며, 건전하고 자유롭고 품위 있는 상태에서 발전할 기회와 편의가 제공되어야 한다. 법률을 만들 때는 어린이한테 가장 좋게 만들어야 한다.

원칙 3. 어린이는 태어날 때부터 이름과 국적을 가질 자격이 있다.

원칙 4. 어린이는 건강하게 자라고 발전할 자격이 있다. 이를 위해 태어나기 전과 후에 필요한 사회보장 혜택이 그와 그의 어머니한테 제공되어야 한다.

원칙 5. 몸과 마음이나 사회생활에 장애가 있는 어린이는 그의 특수한 상태에 필요한 치료나 교육 및 보살핌을 받아야 한다.

원칙 6. 나이 어린 어린이는 특수한 경우가 아니면 자기 어머니와 떼어놓아서는 안 된다. 가정에서 어린이 부양을 위한 국비 지급과 기타 원조가 바람직하다.

원칙 7. 어린이는 사회에 쓸모 있는 구성원이 될 수 있게 교육받도록 해야 한다. 어린이는 교육과 동일한 목적으로 놀이와 오락에 대한 충분한 기회를 가져야 한다.

원칙 8. 어린이는 모든 경우에 가장 먼저 보호와 구조를 받는 대상에 포함되어야 한다.

원칙 9. 어린이는 모든 형태의 무시, 학대, 착취로부터 보호받아야 한다. 어떤 형태로도 매매의 대상이 되어서는 안 된다.

원칙 10. 어린이는 인종과 종교를 비롯한 모든 형태의 차별을 조장할 수 있는 관행으로부터 보호되어야 한다. 어린이는 이해, 관용, 우정, 평화, 세계 형제애 정신으로 그의 재능과 능력을 인간에 대한 봉사에 바쳐야 한다는 깨달음이 충만하도록 길러져야 한다.

유엔은 이 선언 20주년을 기념하여 1979년을 '세계 어린이의 해'로 선포했다. 1979년 세계 어린이 해는 우리나라 정부와 시민단체에도 작은 영향을 주었다. 서울 사직공원에 있던 서울시립아동병원이 1978년 서초구에 새로 지은 건물로 이전하고, 2007년에 '서울시립 어린이병원'으로 이름을 바꿨다. 사직공원에 있던 예전 건물의 용도를 여러 가지로 논의하던 중 유엔에서 세계 어린이의 해를 선포한 데 맞춰 서울시교육청 어린이도서관으로 만들었다. 최초로 만든 어린이도서관으로 2006년 역삼동의 국립도서관 분관을 어린이도서관으로 만들어 개관하기 전까지는 대표 어린이도서관이었다. 시민단체에서는 서울양서협동조합에서 어린이에게도 좋은 책을 읽을 권리를 누릴 환경을 만들기 위해 교사와 학부모 조합원들이 중심이 되어 어린이도서연구회를 만드는 계기가 되었다. 어린이도서연구회는 그 후 1990년대 동화읽는어른모임을 전국에 확산시키면서 좋은 어린이 책 출판과 보급을 견인하였다. 지금까지 15개 시도지부, 100여 개 지회를 조직해서 활동하며 어린이도서관, 어린이전문서점, 작은 동네서점 운동으로 확산시키고 다양한 독서문화를 만들어내고 있다.

4. 점심을 굶는 아이가 있다고?

〈유엔 어린이 권리 국제 협약(UN Convention on the Rights of the Child)〉은 국제연합(UN)이 1989년 11월 20일 총회에서 만장일치로 채택한 조약이다. 1959년 10개 항목으로 된 '어린이 인권 선언'을 바탕으로 이를 보완하면서 어린이 권리의 개념을 더욱 넓힌 것이다. 국제연합(UN)은 1959년 발표한 '어린이 인권 선언' 20주년을 맞이하는 1979년을 '세계 어린이의 해'로 정했고. 그로부터 10년 동안 내용을 더 폭넓고 깊이 있게 자세히 만들어서 국제법 효력을 갖는 조약으로 발전시키기 위해 노력하였다. 1979년은 폴란드 어린이 해방운동가였던 야누시 코르차크의 탄생 100주년을 기리는 해였다. 야누시 코르차크는 폴란드 유대인으로 폴란드와 이스라엘의 어린이 운동을 위해 노력하다가 제2차 세계대전 당시 어린이들과 함께 가스실에서 죽음을 맞았다. 폴란드와 이스라엘 정부, 시민단체들은 이를 기리고 세계화시키기 위해 꾸준히 노력하였고. 그 결과 1989년에 유엔이 이를 채택하게 된 것이다.

'어린이 권리 국제 협약'은 앞의 글(전문)과 54개 조문으로 짜여 있는데, 어린이 권리에 관해 매우 폭넓은 내용을 담고 있다. '한 사람'의 시민으로서 가질 권리인 생명권, 국적권, 신분 보존권, 생각 표현권, 사상과 양심과 종교의 자유권, 집회와 단체를 결성할 권리, 가족으로 함께 살 권리, 양육을 받을 권리, 건강과 의료에 관한 권리, 교육받을 권리, 장애 어린이는 특별히 보호받을 권리, 사회 경제와 문화에 관한 권리, 전쟁에서 보호받을 권리 같은 것들을 규정하고 있다. 그동안 대부분의 나라에서 만든 법률이 아이들을 어른 눈높이에서 보호하고 혜택받는 사람으로만 다루고 있었는데, 이 협약은 어린이를 어른과 같이 독립된 '한 사람'으로, 사람이 누려야 할 권리 주체로 보고 있다. 이러한 조항의 정신은 1923년 5월 1일 방정환과 어린이 운동가들이 어린이날에 선언했던 어린이 해방 정신과 같다.

폴란드와 이스라엘은 야누시 코르차크를 기리는 마음으로 어린이 권리 주장과 해방 운동 정신을 국제사회에 꾸준히 알리면서 더 깊고 넓게 발전시켜 왔는데, 우리나라는 방정환 어린이 해방운동 정신을 꾸준히 발전시키지 못했다. 발전이 아니라 오히려 퇴보시키고 있었다. 어린이 해방운동 정신의 퇴보는 일제 조선총독부 시기는 물론 이승만 자유당 독재정부와 박정희, 전두환 군사독재정부 시기에도 계속되어 왔다.

1931년 방정환이 '어린이들을 부탁하오'라는 마지막 말을 남기고 세상을 떠난 뒤에, 조선총독부는 더욱 야만스럽게 어린이 운동을 감시하고 탄압하였다. 일제는 1931년 9월 18일 만주 침략 전쟁을 시작하면서, 조선 사회를 군국주의 공포정치로 몰아갔고, 수시로 소년회 회원들을 위협하거나 소년회 지원 활동가들을 구속하였다. 1934년 7월에는 어린이 운동을 이끌어 가던 잡지 『어린이』를 폐간시켰고, 1937년에는 어린이 운동 단체들이 주관하던 '어린이날 기념식'도 중단시켰다. 또 같은 해 7월 31일 탑골공원에서 열린 시국강연회에서 강연장 안내와 정리를 맡았던 조선소년군의 항건(스카프)에 쓴 글을 꼬투리 삼아서 모든 소년회를 강제로 해산시켰다. 당시 조선소년군 항건에 씌어 있던 '소년행진가' 가운데 한 구절을 문제 삼은 것이다.

"깨끗하고 건전한 우리 동무야

싸울 준비 갖추세 정의의 장검

이리하야 전진하세 사회 악습에

이리하여 이루세 우리 목적을…."

이 항건은 붉은색 바탕에 태극 모양을 그리고, 보이스카우트 표어인 '준비'를 'ㅈ ㅜ ㄴ ㅂ ㅣ'로 써 놓았고, 그 둘레에 무궁화꽃을 그려 넣은 것이었다.

조선소년군이 1937년에 해산 당하기 직
전에 쓰던 휘장

　일제는 소년회를 해체하고 어용단체인 '건아단'으로 강제 통합시
켰다. 건아단(健兒團)은 한자 이름 그대로 '건강한 아동'이라는 뜻이다.
그들이 말하는 '건강한 아동'이란 일본제국과 일본 왕한테 충성하는
아동이다. 또 몸이 우량한 아동들이다. 그래서 '우량아 대회'가 건아
단의 주요 행사였다. 만주 침략을 넘어서 중국과 미국으로 전쟁 대상
과 범위를 넓혀 나가면서, 조선 민중들을 알뜰하게도 착취하고 한편
으로는 이를 위장하기 위해 포동포동 살찐 조선 아동들을 뽑아서 상
을 주었던 것이다. 그런 탄압과 회유에도 '진남포소년척후대'처럼 일
제 감시를 피해 1945년 광복할 때까지 지하활동을 계속 이어 나간 어
린이 단체도 있었다.

　해방 뒤 혼란스러운 좌우의 대립 속에 어린이 운동 활동가들 역시
그 흐름에서 벗어나기 어려웠고, 6·25전쟁을 거치면서 많은 어린이

운동가들이 좌우 양쪽에서 희생당하였다. 전쟁이 끝나고 복구 과정에 있던 1957년 '대한민국 어린이 헌장'이 발표되었다. 보건사회부의 의뢰를 받아서 아동문학가들이 초안을 만들었고, 이를 바탕으로 보건사회부에서 작성해서 발표한 것이다. 9조로 짜인 이 헌장은 1923년 제1회 어린이날 선언문에 견주어 보면 어린이가 누려야 할 권리보다는 어린이가 받아야 할 복지와 보호가 중심이다. 1988년에 보건복지부에서 주관해서 그때까지 9개 조항이던 것을 11개 조항으로 개정하였다. 더 잘 만들기 위함이라고 했지만 사실은 원래 있던 '굶주린 어린이는 먹여야 한다'는 조항을 빼기 위해서였다.

1988년 초봄 어느 날 신문에서 아주 작은 기사를 보았다. '대한민국 어린이 헌장'을 개정하기 위한 공청회를 한다는 단신이었다. 시청 앞에 있는 호텔 무궁화홀인가 하는 곳에서 한다고 하였다. 공청회란 널리 여러 사람의 의견을 듣는 자리니까 누구나 가도 되는 줄 알았다. 마침 오후 수업이 없어 학교를 조퇴하고 갔다. 처음 호텔이라는 곳에 들어가 공청회장으로 갔는데 문에서 참가자 명단을 보더니 명단에 없어 들어갈 수 없다고 하였다. 어린이 헌장을 개정하는 자리에 초등학교 교사인 내가 왜 들어갈 수 없냐고 하니, 교육계 대표로 서울시교육청에서 한 명 참석했다고 한다. 보니까 장학사였다. 내가 "장학사하고 교사는 다르고, 현장 교사가 더 중요하다, 또 공청회란 말 자체가 여러 사람 의견을 듣는 자리고, 누구나 들어갈 수 있는 것이 아니냐?"

고 따지니, "그렇게 공개했다가 사람이 너무 많이 오면 어떻게 하느냐?"고 했다. "여기 다른 사람 누가 있느냐? 지금 나 한 사람 더 왔는데 그런 말도 안 되는 소리로 못 들어가게 하느냐?"고 큰소리치면서 다툼이 일어났다. 위원장이 나와서 왜 그러냐고 해서 사정을 이야기했더니, 정 그러면 들어와서 뒷자리에 앉아 들으라고 했다.

뒷자리에 앉아서 개정을 해야 하는 까닭을 설명하는 정부 담당자 이야기를 들어 보니 너무 어처구니가 없었다. 그해 9월에 서울올림픽을 하는데, 올림픽을 개최하는 나라 어린이 헌장 제7조에 '굶주린 어린이는 먹여야 한다'는 내용이 있어 부끄럽기 때문에 빼야 한다는 것이다. 내가 일어나서, 현재 내가 가르치는 학급 어린이 중에서도 점심도 못 먹는 경우가 있고, 대한민국에서 점심을 굶는 어린이가 단 한 명이라도 있는 이상 이 조항을 빼서는 안 된다고 했다. 참석자들이 "그건 부모가 게을러서 그렇지, 어머니가 파출부라도 하면 애들을 굶기지는 않는다."고 하였다. 내가 우리 반에서 점심을 굶는 아이들 사례를 들어가면서 열악한 노동 구조와 도시 빈민 문제를 이야기했다. 어린이들이 밥을 굶은 건 부모 개인의 책임을 넘어 국가 책임이라고 했다. 내가 계속 항의 발언을 하면서 회의가 지체되자 의장이 나에게 발언권이 없다며 나가라고 했다. 강제로 끌려 나오면서 계속 항의와 저주 발언을 했다. 그런데 마침 공청회 취재를 왔던 〈소년동아일보〉 기자가 나를 따라오더니 점심을 굶는 어린이들이 있다는 게 정말이라면 취재를 하고 싶다고 했다.

다음 날 기자가 학교에 와서 우리 반 어린이 중 점심을 굶어야 하는 어린이의 가정까지 취재해서 '점심을 굶는 아이들'에 대한 기사를 크게 냈다. 곧 여기저기서 후속 기사가 나왔고, 결국 문교부에서 조사한 끝에 전국에 만여 명의 어린이들이 점심을 굶는다는 발표가 나왔다. 이런 사달을 겪고서야 학교에서 점심을 굶는 어린이들한테 국가에서 점심을 주기 시작했고, 이에 관심을 갖게 된 사람들이 모여서 꾸준히 투쟁을 한 결과 2010년이 되어서야 겨우 모든 아이들한테 점심을 주는 '의무급식'이 시행되었다. 1988년 대한민국 어린이 헌장은, 1957년 어린이 헌장에서 보호 중심으로 넣어 둔 7조 굶주린 어린이는 먹여야 한다는 조항, '어린이는 배고프지 않게 먹을 권리가 있다'처럼 어린이가 주체도 아니고 어른이 주체가 되어 보호하는 '먹여야 한다'라고 쓴 조항마저 현실을 무시하고 정부가 마음대로 바꾸는 폭거(?)를 저지른 사건이었다.

이렇듯 암흑 같은 시기에 유엔이 발표한 '어린이 권리 국제 협약'을 우리나라 정부가 비준했다. 이 협약을 200여 개국이 비준하니까 우리나라도 체면치레로 1991년 11월 20일 비준한 것이다. 그러나 겉으로는 이 조약을 비준하였으면서도 아직 많은 나라가 속으로는 국내법을 이 협약에 일치시키거나 협약을 국내법과 같은 지위에 올려놓지 않고 있다. 우리나라도 마찬가지다. 우리나라 정부가 겉으로만 비준하고 속으로는 제대로 따르지 않는 조항이 많다. 가장 기본이 된다고 할 수 있는 것이, 국민에게 널리 알리고 교육하는 것인데, 그것도 잘하지 않는다. 이오덕은 이를 비판하면서 1997년에 '어린이 권리 국제 협약'을 쉬운 우리말로 다듬어서 책으로 내놓기도 했다. 또 인권 단체와 어린이 운동 단체들이 이 조약에 어긋나는 국내법을 바꾸기 위해 꾸준히 노력해 오고 있다. 최근 '보편적 출생신고 제도, 모든 아동의 권리' 실현을 위한 운동도 그런 움직임 가운데 하나다. 곧 '모든 어린이는 태어나면 바로 등록되어야 한다'는 '어린이 권리 국제 협약' 제7조 2항을 우리나라에서도 실현시키기 위함이다.

5. '새 천년 어린이 선언'도 있었다고요?

1999년은 한국 어린이 운동을 이끌었던 방정환이 태어난 지 100주년이 되는 해였다. 당시 서울 대학로 '어린이 평화의 집'에 공동으로 입주해 있던 어린이 운동 단체들이 1923년 5월 1일 발표한 어린이 해방 선언 내용을 새로운 천년을 준비하면서 반드시 되새겨 볼 필요가 있다는 의견이 나왔다.

'어린이 평화의 집'은 대학로에 있던 한국 크리스찬 아카데미 건물인데, 1998년부터 어린이도서연구회, 남북어린이어깨동무, 공동육아연구원이 함께 세를 얻어 들어갔었다. 세 단체는 그 건물을 '어린이 평화의 집'이라고 부르기로 했다. 지금은 그 자리에 국민대학교 부속 건물이 새로 지어지면서 없어졌지만, 당시 세 단체가 모여 있으면서 연대 활동을 쉽게 할 수 있었다. 그 가운데 하나가 '새 천년 어린이 선언'이다.

1996년 이후 홍수와 가뭄으로 수많은 북녘 어린이들이 굶주림과 질병으로 죽어 가고, 남녘에서도 1997년 국제통화기금(IMF)의 관리

새 천년 어린이 선언 남북어린이어깨동무의 출정식. 현수막 뒤 왼쪽에 머리가 허연 노신사가 윤석중 선생, 그 오른편이 권근술 이사장

체제가 시작되면서 끼니를 거르고 굶주리는 아이들이 수도권에서만 15만여 명이 되는 상황이었다. 반면에 김대중 정부에서 남북 교류와 화해를 향한 물꼬를 트면서 남북 평화를 조금씩 더 꿈꿀 수 있던 시기였다. 새로운 천년을 지향하는 '새 천년 어린이 선언'은 그런 현실 속에서 남과 북의 어린이들이 모두 건강하게 자라나게 하자는 다짐이었다. 남과 북의 7천만 겨레가 모두 함께 '새 천년 어린이 선언'에 담긴 정신을 마음에 새기고 사랑과 평화를 실천해 나가자는 지표로 삼기 위한 첫걸음이었다.

1999년 1월부터 이러한 취지를 알리면서 1923년 5월 1일 조선소년

운동협회에서 주최한 제1회 어린이날에 발표된 선언문을 어린이도 서연구회, 공동육아연구원, 남북어린이어깨동무 회원 자녀 어린이들이 읽고 의견을 보내도록 하였다. 어린이 100여 명이 편지를 보내오는 방식으로 참여했고, 이를 바탕으로 선발한 어린이 33명이 1999년 4월 18일 어린이 평화의 집에 모여서 의논하여 '새 천년 어린이 선언문'을 만들었다. 지금 이 시기에 그 선언문의 의미를 더 살려내야 할 필요가 있기에 전문을 소개한다.

방정환 탄신 100주년 기념

평화, 생명, 꿈의 새날을 여는 새 천년 어린이 선언

1923년 5월 1일, 방정환, 김기전을 비롯한 어린이 운동의 선구자들이 '어린이를 완전한 인격으로 예우하고, 14세 이하의 어린이들에 대한 노동을 없애고, 어린이들이 고요히 배우고 즐겁게 놀기에 마땅한 여러 가지 환경을 만들어 주어야 한다'는 뜻을 널리 알린 지 77년이 되었습니다.

요즘 우리 사회와 어린이가 처한 현실을 보면 77년이 지난 지금, 당시 선언한 항목 가운데 아직도 절실한 내용이 있습니다. 또 새 천년을 맞이하면서 새롭게 들어가야 할 내용도 있습니다. 이에 우리 어린이 운동 단체들과 어린이들이 함께 제1회 선언의 뜻을 살려 어린이와 어른들에게 널리 알립니다.

새 천년은 이 땅의 어린이들이 행복하게, 어른들이 올바르게, 모든 생명들이 평화롭게 지구촌에서 살아가는 희망의 시대가 되면 좋겠습니다. 평화의 시대를 만들기 위해, 어린 새싹들과 함께 손잡고 나갑시다.

어린이 운동이 나갈 길

● 어린이가 평화로운 가정, 평화로운 학교, 평화로운 사회, 평화로운 한반도, 평화로운 지구촌에서 살 수 있게 합시다.

● 어린이들이 서로 친구가 되고, 자연과 친구가 되어, 이 세상의 모든 생명과 함께 살 수 있게 합시다.

● 어린이들이 자유롭게 꿈을 꾸고, 그 꿈을 키워 가며, 이를 실현할 수 있게 합시다.

어른들께

● 어린이를 어른 마음대로 다스리려고 하지 마세요.

● 어린이를 어리거나 다르다고 차별하지 마세요.

● 어린이들이 친구들과 함께 놀 수 있는 시간을 주세요.

● 어린이들이 생명을 존중하고, 자연 속에서 살 수 있게 하세요.

● 어린이들을 때리거나 괴롭히지 마세요.

● 어린이들이 풍부한 문화를 경험하게 해 주세요.

● 불편한 어린이도 다니기 쉽게 해 주세요.

● 남과 북의 어린이들이 모두 건강하게 자랄 수 있도록 도와주세요.

● 하루 빨리 통일을 이루어 남북 어린이들이 친구가 되게 해 주세요.

어린 동무들에게

● 많이 웃고 많이 뛰어 놉시다.

● 모든 생명을 소중하게 여기고 자연을 가까이 합시다.

● 아끼고 살며, 여유 있는 마음으로 어려운 친구와 나눕시다.

● 다른 사람을 놀리거나 따돌리지 맙시다.

● 좋은 책을 읽고 아름답고 희망찬 꿈을 가집시다.

● 북녘 어린이를 친구로 여기고 사랑을 나눕시다.

우리들의 희망은 오직 한 가지, 어린이들이 건강하고 바람직하게 자라는 데 있습니다. 다 같이 내일을 살리기 위해 다음 몇 가지를 실천합시다.

● 어린이들은 평화, 생명, 꿈의 새날을 만들어 갈 사람들입니다. 어제의 경험으로 오늘을 억압하고 내일을 제한하지 맙시다. 어린이들은 어른들의 잣대로 기르는 대상이 아니라 온전한 인격과 권리의 주체입니다. 어린이들의 권리를 존중하고, 그 의견을 귀담아 들읍시다. 그들이 만들어 가는 새로운 삶의 방식이 새 천년의 희망입니다.

● 어린이들을 차별하지 마십시오. 어린이는 어떠한 차별도 받지 않고 태어나 행복하게 자라나야 합니다. 특히 성별, 외모, 장애, 출생지, 국

적, 민족, 인종, 언어, 종교, 그리고 부모의 재산과 지위에 따른 차별이 없어야 합니다.

● 어린이들은 또래들과 함께 자라야 합니다. 어린이들이 경쟁 속에서 시들어 가고 서로를 미워하지 않게 합시다. 어린이들이 어려운 이웃과 작은 것부터 서로 나누면서 살 수 있도록 합시다. 가정, 학교, 지역 사회에 어린이들이 함께 놀고 쉬면서 생활할 수 있는 시간과 공간을 마련합시다.

● 어린이들이 생명이 가득 찬 자연 속에서 살아야 합니다. 어린이들을 방이나 교실에만 가둬 두지 말고, 햇볕, 바람, 물, 흙을 마음껏 누리면서 모든 생명들과 함께 삶의 즐거움을 느낄 수 있도록 합시다. 모든 생명을 귀하게 여기며 살아갈 수 있도록 해야 합니다.

● 어린이들을 때리거나 괴롭히지 맙시다. 어린이들을 윽박지르거나 때려서 길들여서는 안 됩니다. 또 어른의 욕심을 채우기 위해 어린이들을 이용하거나 괴롭혀서는 안 됩니다. 어린이를 학대하는 모든 행위를 없애기 위해 힘씁시다.

● 어린이들이 바람직한 문화 활동을 즐겨야 합니다. 어린이 마음을 거칠게 하는 장난감, 볼 것, 읽을거리를 멀리 치워 버립시다. 대신 꿈을 키울 수 있는 좋은 책, 비디오, 영화, 연극, 예술을 마음껏 만날 수 있는 환경을 만들어 줍시다. 또 어린이들은 전통문화와 지구촌의 다양한 문화를 체험하여 새로운 인류 공동체 문명의 창조자가 되어야 합니다.

● 남과 북의 어린이들이 함께 어깨동무하고 놀게 합시다. 굶주린 어린이는 먹여야 하고, 병든 어린이는 치료받아야 합니다. 남북의 모든 어린이들 몸과 마음이 건강하게 자라야 합니다. 남북의 어린이들이 서로를 이해하고 친구가 되도록 합시다.

● 이 선언문은 1923년 5월 1일 '제1회 어린이날'에 '조선소년운동협회'에서 선포한 '어린이선언'을 어린이들과 어린이 운동가들이 함께 살펴 그 뜻을 살려 오늘에 알맞게 만들면서, '대한민국 어린이 헌장'(1957년, 1988년), '어린이 다짐'(1972년), '유엔 어린이, 청소년 권리 조약'(1989년)을 참고하였습니다.

이 선언문은 1999년 5월 1일 대학로 어린이 평화의 집에서 발표하고, 1000여 명 어린이와 어른들이 깃발을 들고 선언문을 나눠 주면서 서울대 어린이병원과 종로를 지나 세종문화회관 예인마당까지 행진하였다. 방정환 생가 터 앞인 예인마당에서 어린이평화한마당을 펼치고, 어린이 대표들이 선언문을 청와대로 갖고 가서 전달하였다. 이 선언문은 당시 전교조 초등위원회, 참교육학부모회, 어린이도서연구회, 공동육아연구원, 남북어린이어깨동무, 놀이연구회를 비롯한 시민단체들과 서울교대를 비롯한 각 지역 교육대학교 학생회에서 주최하던 어린이날 행사에서 낭독되기도 했다.

6. 어린이가 만든 어린이 행복 선언?

1990년대 초부터 2010년 즈음까지 어린이도서연구회 각 시군구지회, 전국교원노동조합 각 시도지부 초등지회, 전국참교육학부모회 각 지회를 비롯한 시민단체에서 5월이면 함께 힘을 모아 어린이날 잔치를 했다. 어린이 부모의 경제 수준에 따라 천차만별이 나는 소비 중심의 어린이날에서 벗어나기 위한 어린이날 잔치였다.

이런 어린이날 잔치는 전교조 초등위원회에서 기획하고, 놀이연구회, 어린이도서연구회 동화읽는어른모임, 공동육아연구회, 한국글쓰기교육연구회, 한국어린이문학협의회, 전국참교육학부모회 지회들이 주로 함께하였다.

제1회는 1991년 한양대학교 대운동장에서 총학생회 도움을 받아 3000여 명이 모여서 진행하였다. 한양대 정문에 전투경찰이 배치되었고, 장학사들과 초중등학교 교감이나 부장들이 나와서 감시하였다. 자기 학교 교사나 학생들이 들어가면 가로막고 못 들어가게 막았다. 일제강점기 때와 흡사한 광경이 연출되고 있었다. 3회 때는 서울

교육대학 학생회에서 유치했는데, 경찰과 대학 관리자들이 교문을 닫아걸고 막았다. 교대 학생과 참가자들이 교문을 들어서 떼어내고 진행하였다. 4회부터는 각 대학과 지역으로 장소를 넓혀 가면서 진행하였다. 참가자들이 많아져서 한 곳에서 하기에는 무리였던 것이다. 2000년대 초 무렵에는 이러한 어린이날 잔치가 전국 시군구 단위까지 확산되어 있었다. 그 내용과 진행 방식은 처음 한양대학교에서 했던 제1회 '머리가 하늘까지 닿겠네'를 기본으로 해서 지역 사회 구성원 형편에 맞게 조금씩 더 붙이거나 빼거나 하였다. 이 기획은 당시 전교조 초등위원회(위원장 이상호)에서 주도하였는데, 누구나 평등하고 평화롭게 직접 몸을 움직여 놀아 보는 날로 만들자는 것이었다. 그 뿌리는 1980년대 교육민주화 운동에 참여했던 초등 교사들이 어린이날에 가족과 함께 놀러가지 못하는 학생들을 학급 담임 교사들이 오라고 와서 함께 하루를 즐겁게 놀 수 있는 놀이마당을 만들자는 것이었고, 그 후 여러 단체들이 함께하는 잔치로 발전해 나왔다.

어린이날 잔치는 누구나 참여할 수 있는 열두 가지 기본 놀이터를 만들었다. 사방치기, 굴렁쇠, 신발차기, 고누 놀이, 딱지치기, 공기놀이, 노래자랑, 이야기 자랑…. 놀이를 한 가지씩 통과할 때마다 표를 주는데, 그 표를 몇 개까지 받으면 그 단계에 따라 상을 받을 수 있었다. 상은 참여 단체들이 마련한 임시 가게에 가서 돈으로 쓸 수 있었다. 임시 가게에는 갖가지 먹을거리 가게가 많았고, 책방이나 자잘한 물건을 파는 가게들도 있었다. 열두 마당을 다 하고 오면 꽃으로 장식한 손수레를 타고 운동장을 한 바퀴 돌 수 있는 상을 주었다. 그런데 이 작은 상이 아주 큰 인기를 끌었다. 손수레는 대학생 봉사자와 참여한 아버지들이 끌었는데, 나중에는 어린이들이 직접 끌겠다고 해서 상으로 손수레를 끌 수 있는 권리를 주기도 했다. 이렇듯 손과 발을 움직이는 놀이, 누구나 평등하게 참여해서 마음껏 즐길 수 있는 어린이날 잔치를 벌였다.

이 잔치를 시작하는 마당에서 1923년 5월 1일 선언문을 읽고, 끝나는 대동놀이를 시작하면서 '새 천년 어린이 선언'을 읽었다. 이런 어린이날 잔치가 2000년대 중반부터 지방자치단체 예산으로 하게 되면서 위탁 사업체를 공모해서 예산을 지원해 주었다. 그런 사업체들이 기획하는 어린이날 잔치가 참여하는 어린이들을 비주체적으로 대상화하고 소비성으로 퇴화하면서 그동안 행사를 주관해 오던 시민단체들과 갈등을 겪었다. 2007년 이후로는 대부분 지방자치단체들이 어린이날 잔치를 아예 상업적인 기획 업체에 진행을 넘겼다. 결국 유행가로 넘치는 소비 행사로 타락하며 호응이 줄자 요즘은 지방자치단체들이 어린이날 관련 예산마저 깎거나 없애고 있다. 지방자치단체에서 어린이날 관련 예산을 어린이를 권리 주체로 세우고, 소비 위주가 아니라 함께 만드는 즐거운 놀이잔치를 기획하는 시민단체들이 집행할 수 있도록 해야 방정환 어린이 해방 정신과 '새 천년 어린이

공동육아협동조합 어린이와 어른들이 함께 대동놀이를 하고 있다.

'선언' 뜻이 살아날 수 있을 것이다.

이런 가운데 2010년대에도 어린이 운동과 관련해서 의미 있는 선언 문들이 나왔다. 어린이도서연구회에서 '책 읽는 문화를 가꾸는 아홉 가지 약속'(2012.6.22), 남북어린이어깨동무에서 6·25를 '평화를 다짐하는 날'로 선언하면서 발표한 '어린이 어깨동무 평화선언'(2012.6.25), 공동육아와공동체교육이 과천 종합청사 앞마당에서 열었던 공동육아 한마당에서 발표한 '어린이 행복 선언'(2012.10.21) 등이다. '새 천년 어린이 선언'을 함께한 세 단체가 이때는 각각 선언하였다. 서로 의논하거나 약속하지 않았는데도 2012년에 동시다발로 이런 선언을 한 까닭은 무엇일까? 그것은 이명박 정부 등장 이후로 급속히 망가져 가는 어린이 삶에 대한 위기의식 때문이었다. 일제고사를 실시하면서 경쟁

교육과 사교육이 다시 강화되고, 정부와 지방자치단체 예산으로 하는 사업에서 시민단체들 참여를 제한하거나 억압하고, 학교와 공공도서관에서 장서 구입비를 삭감하고, 시민단체를 위장한 독서 단체를 앞세워 공공연하게 금서 목록을 만들어 배포하였기 때문이다.

세 단체에서 발표한 선언문 가운데 '어린이 행복 선언'은 새로운 의미가 있다.[1] 그동안 선언은 어른의 눈과 어른 말로 썼다. 그런데 이 선언문은 어린이의 눈과 어린이 말로 쓴 것이다. 전국 70여 곳 공동육아 협동조합에서 어린이가 언제 행복한지에 대한 의견을 모아서 보내왔고, 그 의견들을 내가 모두 모아서 영역별로 분류한 다음에 어린이들이 어른에게 요구하는 아홉 가지 문장으로 초안을 만들었고, 공동육아와공동체교육 이사회에서 의결하여 발표하였다.

〈어린이 행복 선언〉

1. 마음껏 신나게 놀고 나면 행복해요. 놀 곳과 놀 시간을 주세요.

2. 포근하게 안아 주면 행복해요. 많이 많이 안아 주세요.

3. 하늘을 보고 꽃을 보면 행복해요. 자연과 더불어 살게 해 주세요.

4. 맛있는 걸 먹을 때 행복해요. 좋은 먹을거리를 주세요.

---

1   이주영, 『어린이 문화운동사』, 보리, 2014, 231쪽-235쪽.

5. 책을 읽어 줄 때 행복해요. 재미있는 책을 읽어 주세요.

6. 어른들이 기다려 줄 때 행복해요. 잘 못하고 느려도 기다려 주세요.

7. 제 말을 귀담아 들어 줄 때 행복해요. 제 이야기를 들어 주세요.

8. 제 힘으로 무엇을 했을 때 행복해요. 저 혼자 할 수 있게 해 주세요.

9. 어른들이 행복해야 우리도 행복해요. 모두 함께 행복하게 해 주세요.

10. (* 여러분이 채워 주세요.)

이 조항들은 잘 새겨보면 1923년 제1회 어린이날 선언, 1999년 방정환 탄신 100주년을 기념하는 새 천년 어린이 선언 정신을 어린이들이 요구하는 문장으로 만들어 놓았다는 것을 알 수 있다. 손발을 움직여 놀 권리, 포근하게 보호받을 권리, 자연과 함께 자연처럼 살 권리, 굶주리지 않고 충분히 좋은 음식을 먹을 권리, 평등하고 자유롭게 책을 읽을 권리(스스로 배울 권리), 빨리하라고 재촉받거나 야단맞지 않을 권리, 자기 생각을 표현하고 존중받을 권리, 스스로 일하고 성취하는 행복을 누릴 권리. 곧 어린이, 젊은이, 늙은이 3세대가 모두 평등하고 행복한 사회를 요구하는 선언이다. 사실 이런 권리와 행복을 부모들이 누릴 수 있어야 자녀들도 누릴 수 있다. 10번을 비워 놓은 까닭은 행사 참가자들이 직접 써 넣기를 바라서다. 마찬가지로 이 선언을 사용하고 싶은 단체나 학교나 학급이나 가정에서는 구성원들과 의논해서 10번을 채우면 된다.

7. 어린이는 놀 권리가 있다고요?

먼 훗날, 누군가 2000년대 어른들이 아이들한테 지은 죄 중에서 한 가지를 꼽으라고 한다면 나는 그 첫 번째로 아이들한테서 놀 권리를 빼앗은 거라고 말하고 싶다. 아이들한테서 놀 시간과 장소와 또래를 빼앗는 건 곧 한 인간이 태어나서 온전하게 누려야 할 어린 시절을 빼앗는 것이기 때문이다. 사람이 사람답게 자라나려면 어린 시절에 충분히 잘 놀아야 한다. 놀이는 몸과 마음을 튼튼하고 건강하게 키워 주는 밥이나 마찬가지이기 때문이다. 사람뿐 아니라 모든 동물들이 다 어린 시절에는 놀아야 한다. 호랑이도, 도야지도, 강아지도, 병아리도, 땅강아지도 놀면서 크는 것이다.

2000년대 들어서면서 우리 사회 양극화가 심화되어 점점 더 무한 경쟁으로 치닫고, 아이들은 학교와 학원으로 '뺑뺑이'를 돌고 있다. 그런 중에서도 교육 혁신을 소망하는 학생들과 부모들의 뜻에 따라 일제고사가 폐지되고, 경쟁 교육이 협력 교육으로 조금씩 바뀌고 있는 것은 다행이다. 아직 갈 길은 멀지만 그래도 작은 싹이 보이고 있

어린이 놀 권리 선언식 후 국회의사당 마당에서 어린이와 교육감들이 종이비행기를 날리고
있다.

는 것이다. 2015년 5월 4일 선언한 '어린이 놀 권리 선언'은 그런 점에서 상징성이 도드라진다. 이 선언은 강원도교육청(민병희 교육감)이 주관해서 전국 17개 시도교육감협의회에서 발표한 것이다.

이 선언의 의미가 남다른 까닭은 대부분 다른 선언문처럼 어른들이 만든 것이 아니라 200여 명의 어린이들이 한자리에 모여 하루 종일 분과 토론과 전체 토론에 참여해서 낸 의견을 정리해 만든 선언이기 때문이다.

〈어린이 놀 권리 선언문〉

대한민국 어린이 행복할 권리를 말하다! 어린이 놀 권리 선언

ㅇ 우리에게 놀이는 숨쉬기입니다. : 우리에게 놀이는 자유이고, 행복이고, 우정이고, 인생이고, 심장이고, 마법이고, 숨구멍이며, 밥과 물입니다. 놀이는 누구도 대신할 수 없는 선생님입니다.

ㅇ 우리의 놀 권리가 위협받고 있습니다. : 우리는 놀고 싶습니다. 하지만 우리는 놀 시간이 없습니다. 놀 친구도 없습니다. 놀 터도 부족합니다. 쉬는 시간, 잠자는 시간도 세계에서 제일 적다고 합니다. 우리에게 놀이는 사치이고 그림의 떡일 뿐입니다.

ㅇ 우리의 놀 권리를 돌려주세요. : 어른들께서 우리가 친구와 맘껏 놀 수 있도록 도와주세요.

하나. 편히 쉬고 놀 수 있는 시간을 늘려 주세요. 우리들에겐 여유가 필요합니다. 우리의 자유시간은 버리는 시간이 아니라 행복을 누리는 시간입니다. 학교에서도 자유롭게 놀 시간을 늘려 주세요.

하나. 지나치게 무거운 공부 부담을 줄여 주세요. 맘껏 놀면 공부가 뒤처질까 봐 불안합니다. 공부 부담을 줄여 주시면, 자유롭게 뛰놀며 꿈과 우정을 키울 수 있습니다.

하나. 우리를 믿고 존중해 주세요. 어른들의 잔소리에 놀면서도 불안합니다. 우리를 믿어 주시면 잘 놀고 잘 자라는 건강한 어린이가 될 것입니다.

2015년 5월 4일

어린이 놀이 헌장 원탁회의 참가자 일동

2014년부터 강원도교육청(민병희 교육감)에서 어린이 놀이 헌장을 준비하고 있었다. 그 준비 과정을 보면서 1980년대부터 방정환 정신을 계승하는 어린이 놀이를 추진해 오던 운동 단체와 활동가들이 문제 제기를 하였다. 이에 어린이문화연대가 중간에서 조정자로 나섰고, 2015년 3월 25일 국회의원 회관에서 '어린이 놀이 헌장 제정을 위한 토론회'를 열었다. 설훈 당시 교육문화체육관광위원장과 도종환, 정진후 의원이 주최하였고, 어린이문화연대와 어린이문화진흥회가 공동으로 주관하였다. 이때 천미경 강원도교육청 혁신과장이 발표하였는데, 그 내용과 준비 과정에 대한 참가자들의 문제 제기가 많았다. 가장 큰 문제는 어린이들을 소외시키고 어른 중심으로, 교육청 중심으로 헌장 초안을 만들었다는 점이었다.

강원도교육청에서 이러한 문제 제기를 받아들여 급히 2015년 4월 25일 서울 세종대학교 컨벤션센터에서 '어린이 놀이 헌장 원탁회의'를 개최하였다. 인터넷을 통해 알렸는데, 전국 초등학교 1학년에서 6학년까지 어린이 200여 명이 참여하였다. 참가 어린이들이 분과 토론과 종합 토론을 거쳐 '어린이에 의한, 어린이를 위한, 어린이의 놀 권리 선언'을 만들게 되었다. 어른들은 어린이들이 모여서 자유롭게 토론할 수 있도록 기획하고 지원하는 일만 했고, 토론으로 모아진 내용을 분류해서 정리하는 일을 도와주었다.

이 선언문을 바탕으로 전국교육감협의회에서 '놀 권리 실현을 위한 교육 정책'을 채택하고, 5월 4일 국회 소강당에서 어린이들과 강원도교육청 민병희 교육감, 어린이 운동 단체들이 모여서 만든 〈어린이 놀 권리 선언〉과 강원도교육청이 만들고 전국교육감협의회에서 채택한 〈어린이 놀이 헌장〉을 함께 발표하였다.

〈어린이 놀이 헌장〉

모든 어린이는 놀면서 자라고 꿈꿀 때 행복하다. 가정, 학교, 지역 사회는 어린이의 놀 권리를 존중해야 하며 어린이에게 놀 터와 시간을 충분히 제공해 주어야 한다.

어린이에게는 놀 권리가 있다.

어린이는 차별 없이 놀이 지원을 받아야 한다.

어린이는 놀 터와 놀 시간을 누려야 한다.

어린이는 다양한 놀이를 경험해야 한다.

가정, 학교, 지역사회는 놀이에 대한 가치를 존중해야 한다.

이 헌장은 강원도교육청에서 처음 준비했던 것을 조금 더 다듬어서 발표한 것이다. 앞에서 어린이들이 만든 선언과 짝을 잘 이루고 있다. 강원도교육청은 2015년부터 학교에서의 놀이 시간을 조금씩 늘렸고, 2018년부터 학교에서 '하루 100분 놀이밥' 시간을 마련하고, 다양한 놀이 경험을 누릴 수 있도록 노력하고 있다. 다른 교육청에서도 '어린이 놀이 헌장' 정신을 일부 도입하였다. 그러나 우리 교육제도와 학교 현장, 사회 현실에서는 아직 넘어야 할 벽이 너무 많고 높다.

8. 어린이가 정치에 참여할 권리가 필요할까요?

하지만 우리는 _ 유하나(서울 장곡초 5)

애들이 죄다

대통령 후보 얘기밖에 안 한다.

얘기만 하면 뭐해.

우리는 뽑을 권리도

없는 것을 뭐.

- 이주영 엮음, 『내 손은 물방울놀이터』, 우리교육, 2012, 141쪽.

  초등학교 5학년 여자 어린이가 쓴 이 짧은 시는 현재 우리 사회 현실에 대해 많은 것을 이야기하고 있다. 선거 때가 되면 초등학교 어린이들도 정치에 대한 관심이 높아지고, 후보들에 대해 많은 이야기를 한다는 걸 보여 주고 있다. 관심도 많고 평가도 잘한다. 어른들보다 더 깨끗한 마음으로 보기 때문일 것이다. 한편 가슴 아픈 것은 순수한 어린이들이 불평등한 세상을 비웃게 하고, 자신의 존엄성과 가치를 스스로 낮추게 하고, 정치적 금치산자로 만드는 현실이다.

우리 대한민국은 1919년 3월 1일 온 세계에 독립선언을 하고, 4월 11일 임시의정원에서 임시헌장을 선포하고, 임시정부를 구성하였다. 100여 년 전 일이다. 그날 대한민국 임시헌장 제1조에서 '대한민국은 민주공화제로 한다'고 밝혔고, 이 조항은 지금까지 우리 헌법 제1조를 지키고 있다. 이렇듯 우리 헌법은 민주공화주의 정치를 위하여 국민의 정치적 기본권을 규정하고 있다. 언론·출판·집회·결사의 자유, 정당 설립과 활동의 자유, 선거할 권리와 투표에 참여할 권리들이다. 이러한 정치적 자유권과 참정권은 헌법으로 국민이 보장받을 핵심 권리다.

대한민국이 헌법대로 운영되는 나라로 자리매김하려면 모든 국민이 헌법으로 보장한 정치적 자유권을 누릴 수 있어야 한다. 정치 참정권의 기본인 선거에 참여해서 투표할 권리 역시 모든 국민에게 주어진 권리다. 흔히 몇 살부터 선거에 참여할 수 있도록 해야 하느냐고 묻는다. 나는 그때마다 헌법대로 해야 한다고 대답한다. 헌법에서는 '모든 국민'은 인간으로서의 존엄과 가치를 가지며, 행복을 추구할 권리를 가진다(제10조)고 하였다. '모든 국민'에는 어린이도 당연히 포함되어 있다. 어린이도 국민이고, 어린이도 시민이다.

제24조에서는 모든 국민은 법률이 정하는 바에 의하여 선거권을 가진다고 하였다. 그런데 어린이들은 법률이 정하는 바에 의하여 선

거권을 갖지 못하게 되어 있다. 이 조항대로 하려면 모든 어린이들도 선거권을 가질 수 있도록 법률로 정해야지, 모든 어린이들이 선거권을 가질 수 없도록 법률로 정해서는 안 된다. 다만 투표 방법이나 그 투표권을 행사할 권한 수준은 연령을 고려해서 다르게 할 수는 있겠지만 그것도 가능한 최소화시켜야 한다.

위의 글을 썼던 2018년에는 우리나라 국민투표법 제7조(투표권)에만 19세 이상의 국민은 투표권이 있다고 되어 있었다. 민법 제807조(혼인적령)에서는 만 18세가 된 사람은 혼인할 수 있다고 했고, 병역법 제8조에서는 대한민국 국민인 남성은 18세부터 병역준비역에 편입된다고 했고, 공무원이 될 수 있는 연령도 18세부터다. 이렇게 결혼도 하고 공무원도 될 수 있고 군대도 갈 수 있는 18세인데도 투표권은 없다. 참 이상한 나라 아닌가? 당시 경제협력개발기구(OECD)에 가입되어 있는 34개 국가 국민투표권을 보면 더 이상한 나라인 것을 알 수 있다. 오스트리아는 16세부터 투표할 수 있다. 독일, 뉴질랜드, 스위스 일부 주에서도 16세부터 선거에 참여한다. 슬로베니아는 취직한 경우 16세부터 투표에 참여한다. 그 밖에 다른 나라는 모두 18세부터 투표에 참여한다. 일본이 가장 늦게 선거권 연령을 20세에서 18세로 낮추었다. 2015년이다. 이에 34개국 가운데서 우리나라만 홀로 19세를 고집하고 있다. 선거권을 낮추는 것은 정치할 수 있는 권리를 높이는 것이고, 정치적 권리를 높이는 것은 모든 국민이 행복권을 추구할 수 있는 권리를 높이는 일이다.

이 글은 2020년에 시효를 다하였다. 216개 어린이청소년 관련 시민단체가 촛불청소년인권제정연대를 만들어서 18세 선거권 운동을 벌였고, 2019년 12월 28일 만 18세부터 선거에 참여할 수 있도록 개정했기 때문이다. 2019년 1년 동안 꾸준히 진행한 이 투쟁에서 18세 이하 어린이청소년들이 주체로 적극 참여해서 바꾼 것이라 더 의미가 크다고 할 수 있다.

나는 앞에서 모든 국민이 선거에 참여할 권리를 가져야 한다고 했다. 만 16세부터는 국회의원과 대통령을 선출할 수 있는 투표권을 보장하는 민주주의 선진국 흐름에 따라가야 한다. 그렇다면 16세 미만은 어떻게 해야 할까? 16세 미만 국민도 선출 대상에 따라 투표권을 가질 수 있도록 해야 한다. 예를 들면 교육감, 지방자치단체장과 지방자치단체 의원에 대한 선거의 참여 연령은 더 낮출 수 있다. 또 연령대를 몇 단계로 나눠서 각 연령대를 대표할 수 있는 비례대표로 국회의원과 지방의원을 선출할 수 있도록 하면 '모든 국민은 법률이 정하는 바에 의하여 선거권을 가진다'는 헌법 제24조를 세계에서 가장 먼저 실현하는 명실상부한 민주공화국으로 올라설 수 있다. 인간 발달 단계로 볼 때 '어린이'는 대략 ① 15~17세 ② 12~14세 ③ 9~11세 ④

6~8세 ⑤ 3~5세 ⑥ 0~2세로 나눌 수 있다. 0세는 태아다. 우리 조상들은 태아를 아주 소중한 한 사람으로 인정하였고 그 전통을 이어받아야 한다. 그런 의미에서 병원에서 임신 확인을 받은 산모는 태아가 가지는 투표권을 대신 행사할 수 있도록 해야 한다.

18세부터 대통령과 국회의원 선거권을 준다면 이렇게 어린이들을 여섯 단계로 나누고, 9세 이상은 그 연령 단계를 대표하는 어린이 국회의원을 최소한 1명씩은 선출하게 하는 것이다. 선출된 어린이 의원은 스스로 후견인을 지정할 수 있도록 하면 된다. 8세 이하 단계에서는 그 연령대를 대표하는 비례대표로 9세 이상 국민이 후보로 나설 수 있도록 하면 된다. 국회의원 300명에 연령 단계별 의원 6명을 추가한다고 해서 큰일날 일이 없다. 오히려 연령 단계별 어린이들 행복권을 추구할 수 있는 좋은 법률을 만들고 어린이들의 정치적 권리를 높이는 데 기여할 것이다.

이런 주장을 너무 급진적이라고 생각하는 어른들을 고려해서 조금 양보한다면 ④, ⑤, ⑥ 단계는 후견인과 함께 하는 모의투표라도 하도록 하면 된다. 선거일 2~3일 전에 모의투표를 하고, 모의투표 결과를 공개해서 국민들이 참조할 수 있도록 하는 것이다. 실제로 세계 여러 나라에서 투표권이 없는 어린이들을 위해 모의투표를 하는 나라가 늘어나고 있다. 모의투표는 민주시민 교육 차원에서 실시하고 있다. 후보자와 정당에서 내놓은 정책을 조사해서 비교하고, 토론하고,

모의투표를 해서 공개한다. 선거 3일 전에 전국 학교에서 동시에 이런 정치 교육을 하고 사전투표를 해서 공개하는 나라도 있다. 선거권을 행사하는 어른들이 어린이들 의견을 참조하라는 뜻이다. 우리나라는 이런 사전 모의투표 결과를 발표하는 걸 금지하고 있고, 민주시민 교육 차원에서 해야 하는 정치 교육까지 못하게 하고 있다.

정치 교육은 우리 교육사에서 수천 년 동안 당연히 해 온 것이다. 조선 시대에 정치적 문제가 있으면 성균관 학생들이 가장 먼저 자체 토론을 거쳐 집단 상소나 시위를 하였고, 지방 향교 학생들도 참여했다. 정치 교육을 불순하다고 비난하면서 금지하기 시작한 것은 1905년 을사늑약으로 일제의 통감 정치가 시작되면서부터다. 나아가 일제 조선총독부에서 정치 교육을 불온시하는 교육 정책이 강화되었고, 박정희 군사독재 시대에 다시 더 확실하게 자리 잡은 것이다. 유초중고에서 정치 교육을 하고, 어린이들에게 투표권을 가지도록 하여 정치적 억압에서 해방시키는 일은 어린 국민의 권리와 교육, 민주 정치의 본질을 회복하는 아주 중요한 일이라고 생각한다.

어린이

발문

평생을 어린이와 함께하는 교육자

김승환
전라북도교육감

〈방정환과 어린이 해방 선언 이야기〉는 우리에게 어린이의 실체를 바라보는 시각을 열어 주고 있습니다.

지은이 이주영은 이 책에서 100년 전 방정환과 어린이 해방 운동가들이 품고 있었던 생각들을 현 시점으로 가져와 그 시대적 의미를 분석한 후, 그에 터잡아 지은이 자신의 생각을 밝히고 있습니다.

총 4개의 부로 나누어져 있는 이 책에서 지은이는 각 부의 첫머리에 자신의 생각을 요약하여 정리해 두고 있습니다.

예를 들어 제2부 〈어른들에게 드리는 글〉에서 지은이는 이렇게 말하고 있습니다; "…국가 예산 배분은 처음부터 끝까지 어른 세대가 독점하고 있다. 더 기막힌 것은 인간 생활의 기본인 정치에는 얼씬도 못하게 하는 것이다. 민주시민 교육에서 가장 기본이 되어야 하는 정치 교육이라는 말만 나와도 보수는 물론 대다수 국민이 기겁을 한다." 지은이의 이 말은 경찰권, 검찰권과 사법권의 행사에도 그대로 들어맞는 의견이라고 할 수 있습니다.

제1회 어린이날 선언식에서 나온 선언문은 시대를 초월하여 의미를 갖는 것이고, 이런 선언문을 만들어낸 분들이야말로 어린이 해방

운동의 선각자들이라고 할 수 있습니다.

"어린이를 내려다보지 마시고 치어다보아 주시오. 어린이를 가까이하사 자주 이야기하여 주시오. 어린이에게 경어를 쓰시되 늘 보드랍게 하여 주시오…." 선언문의 이런 내용들은 오늘을 살고 있는 우리 어른들에게 '당신은 어린이를 어떻게 대하고 있습니까?'라는 준엄한 질문을 던지고 있는 듯합니다.

지은이 이주영은 어린이 해방 운동의 선각자들을 회고하면서 "새로 태어나 새 삶을 살면서 새 날을 열어가야 할 가장 소중한 새 사람인 어린이들을 사람이 아니라 벌레 같은 미물이나 사나운 괴물, 경쟁 사회의 노예로 자라가도록 몰아가고 있는 것이다."라고 질타하고 있습니다.

지은이의 말은 계속 이어집니다. "솔직히 말해 우리나라 학교 현장을 교육과 노동으로 견주어 놓고 살펴볼 때 교육 현장이 아니라 노동 현장이라고 불러야 마땅하다."는 것입니다.

이 책은 우리의 이해도를 높이기 위해 적정한 사례들을 인용하고 있습니다. 1997년 강도 살인 사건으로 무기징역을 선고받고 복역 중 탈옥을 한 신창원 사건이, 우리들로 하여금 어린이들에게 사랑이 얼마나 중요한 것인지를 절감하게 하고 있습니다; "신창원이 쓴 일기를 보면, 어려서 어머니가 돌아가셨고 아버지가 술만 먹고 들어오면 때려서 힘들었지만, 가장 큰 상처는 초등학교 5학년 때 담임의 폭언이었다고 한다."

지은이는 서울대공원을 비롯해 전국 곳곳에 있는 어린이 공원이 어린이들의 삶에 어떤 의미를 갖는 것인지 우리들에게 질문을 하면서 스스로 이렇게 풀이하고 있습니다; "서울어린이대공원을 따라 지방 도시에도 어린이대공원이 만들어졌지만 방정환 정신과는 먼 자본주의 시장 논리에 충실한 소비 중심의 유흥 놀이터가 되고 말았다."

이 책을 읽을수록 드는 생각은 '나 자신이 어린이에 대해 몰라도 너무나 모르고 있었구나!'라는 뒤늦은 깨달음입니다.

이 책은 평생 교육 현장에서 어린이들과 함께 숨쉬고 웃고 울며 살았던 참 교육자 이주영이 아니라면 써낼 수 없는 책입니다. 어린이들을 향한 지은이의 무한대의 사랑에 존경의 마음을 표합니다.

방정환과 어린이 해방 선언 이야기

등록 1994.7.1 제1-1071
1쇄 발행 2021년 6월 30일

지은이   이주영
펴낸이   박길수
편집장   소경희
편 집   조영준
관 리   위현정
디자인   이주향
마케팅   조영준
펴낸곳   도서출판 모시는사람들
           03147 서울시 종로구 삼일대로 457(경운동 수운회관) 1207호
전 화   02-735-7173, 02-737-7173 / 팩스 02-730-7173
홈페이지   http://www.mosinsaram.com/

인 쇄   (주)성광인쇄(031-942-4814)
배 본   문화유통북스(031-937-6100)

값은 뒤표지에 있습니다.
ISBN   979-11-6629-039-8   03300